INTERPRETATIONSHILFE DEUTSCH

Johann Wolfgang von Goethe

Die Leiden des jungen Werther

Interpretiert von Hans-Georg Schede

STARK

Bildnachweis

Umschlag: Johann Wolfgang Goethe (mit Silhouette), Kopie nach dem Gemälde von Georg Melchior Kraus, 1775/76 in Weimar, von Johann Ehrenfried Schumann, 1778. Freies Deutsches Hochstift. Frankfurter Goethe-Museum (Foto: Ursula Edelmann)
S. 6: Johann Gottfried Herder. Stahlstich von L. G. Sichling nach einem Gemälde von Anton Graff (Foto: Deutsches Literaturarchiv, Marbach am Neckar)
S. 7: Johann Wolfgang von Goethe, 1773. Kupferstich von Gottfried Saiter nach einem Gemälde von J. D. Bager in der Staatsbibliothek Wien
S. 9: Carl August. Federzeichnung von Johann Heinrich Lips
S. 10: Charlotte von Stein. Bleistiftzeichnung, angeblich Selbstbildnis
S. 11 oben: Christiane Vulpius. Bleistiftzeichnung von Johann Wolfgang von Goethe, 1788
S. 11 unten: Friedrich Schiller. Gemälde von Ludovike Simanowitz, 1793 (Foto: Deutsches Literaturarchiv, Marbach am Neckar)
S. 15: Silhouette von Charlotte Buff, 1772 (Foto: Goethe-Museum Düsseldorf Anton-und-Katharina-Kippenberg-Stiftung)
S. 18: Das Deutsche Haus in Wetzlar. Stahlstich (Foto: Goethe-Museum Düsseldorf Anton-und-Katharina-Kippenberg-Stiftung)
S. 31: Johann Christian Kestner. Lithographie von Julius Giere (Foto: Goethe-Museum Düsseldorf Anton-und-Katharina-Kippenberg-Stiftung)
S. 49: Titelblatt der Erstausgabe des Werther-Romans (Foto: Deutsches Literaturarchiv, Marbach am Neckar)
S. 60: Garbenheim bei Wetzlar © Städtische Museen Wetzlar
S. 67, 71: Werther, Lotte. Kupferstiche nach D. N. Chodowiecki (Foto: Goethe-Museum Düsseldorf Anton-und-Katharina-Kippenberg-Stiftung)
S. 90: Salomon Geßner. Gemälde von Anton Graff, 1781 (Foto: Deutsches Literaturarchiv, Marbach am Neckar)
S. 114: Christoph Friedrich Nicolai. Punktierstich von Meno Haas nach einem Gemälde von Lauer

ISBN: 3-89449-693-2

D-85318 Freising · Postfach 1852 · Tel. (0 81 61) 1790

Inhalt

Autor: Dr. Hans-Georg Schede

Vorwort

Liebe Schülerin, lieber Schüler,

der Roman *Die Leiden des jungen Werther,* den Johann Wolfgang von Goethe – in der Erstfassung – Anfang 1774 im Alter von 24 Jahren schrieb, ist der erste internationale Sensationserfolg der deutschen Literatur. Er begründete den Weltruhm Goethes als Schriftsteller.

Seither sind mehr als 200 Jahre vergangen. Doch das Schicksal Werthers, der nicht bereit ist sich anzupassen, der allein seinen Gefühlen folgt und der darüber zugrunde geht, wirkt auch heute noch mitreißend und erschütternd. Allerdings wird in der empfindsamen Sprache des Buches, die uns fremd geworden ist, auch die Zeitgebundenheit des Romans deutlich.

Diese Interpretationshilfe wird Ihnen helfen, das berühmte Werk von seinen **historischen Voraussetzungen** her zu verstehen. Deshalb beginnt sie mit einer genauen Information darüber, wie das Buch mit Goethes Lebensgeschichte zusammenhängt. Daran schließt sich die **Inhaltsangabe** des Romans an.

Den Hauptteil der Interpretationshilfe macht das Kapitel *Textanalyse und Interpretation* aus. Es beginnt mit einem Abschnitt, der Goethes Entscheidung erläutert, einen **Briefroman** zu schreiben. Danach wird die außergewöhnlich gut durchdachte **Komposition** des Buches anhand der zeitlichen Bezüge innerhalb des Romans verdeutlicht. Der dritte Abschnitt widmet sich der **Charakteristik der Hauptfiguren** und damit der Liebes- und Eifersuchtsgeschichte. Danach folgen zwei Abschnitte zur **Empfindsamkeit** und zum **Sturm und Drang**, literarischen Strömungen der zweiten Hälfte des 18. Jahrhunderts, die im Literaturunterricht eine wichtige Rolle spielen. Der *Werther* gilt mit Recht als der wichtigste Roman sowohl der Empfindsamkeit als auch des Sturm und Drang. Wie das möglich ist und in welchen Aspekten des Buches diese unterschiedlichen geistigen Richtungen jeweils zum Tragen kommen, wird im vierten und fünften Abschnitt der Textanalyse erklärt. Das Kapitel schließt mit der **Interpretation zweier Schlüsselstellen**, von denen die erste Werthers Verhältnis zur Natur untersucht, die zweite die Schilderung seines Selbstmords.

Interessant ist auch die **Wirkungsgeschichte** des *Werther*. Für das Verständnis des Romans spielt sie jedoch keine erhebliche Rolle. Aus diesem Grund beschränkt sich das entsprechende Kapitel dieser Interpretationshilfe auf einige knappe Bemerkungen.

Am Ende finden Sie **Literaturhinweise**, die freilich nur eine ganz beschränkte Auswahl aus der kaum zu überblickenden Literatur über Goethe bieten und sich im Wesentlichen auf diejenigen Ausgaben seiner Werke, Darstellungen seines Lebens und Arbeiten über den *Werther* beziehen, die in der Interpretationshilfe unmittelbar verwendet worden sind. Zitiert werden diese Ausgaben und Aufsätze im Text mithilfe von Kürzeln, die im Literaturverzeichnis erklärt werden.

Hans-Georg Schede

Einführung

Am 2. Oktober 1808 kam es am Rande des Fürstentages in Erfurt zu einer Begegnung zwischen dem französischen Kaiser Napoleon und Goethe. Der *Werther* war eines der Lieblingsbücher Napoleons. Goethe gegenüber erklärte er, den Roman bis dahin sieben Mal gelesen zu haben, und bewies dem Autor seine genaue Kenntnis des Werks durch „eine tief eindringende Analyse dieses Romans“, wie es in den Aufzeichnungen des weimarerischen Gesandten am Hofe Napoleons – und späteren Kanzlers von Sachsen-Weimar – Friedrich von Müller heißt, dem Goethe von der Unterredung mit Napoleon berichtet hatte. Jedoch habe Napoleon bemängelt, dass sich an gewissen Stellen des Romans eine Vermischung der Motive des gekränkten Ehrgeizes mit denen der leidenschaftlichen Liebe fände. „Das“, wird Napoleon bei Müller zitiert, „ist nicht naturgemäß und schwächt bei dem Leser die Vorstellung von dem übermächtigen Einfluss, den die Liebe auf Werther gehabt. Warum haben Sie das getan?“ (HA, Band 6, S. 537 f.)

Goethe, der Napoleon bewunderte, auch wenn dieser gegen die deutschen Länder Krieg führte, versicherte dem Kaiser, dass seine Kritik sehr scharfsinnig sei. Dennoch hat Napoleon mit seinem Einwand Unrecht. Der *Werther* wäre ein ungleich schwächerer Roman, wenn sich die Handlung nur auf Werthers unglückliche Liebe zu Lotte beschränken würde. Der *Werther* ist das **genaue Psychogramm eines jungen Menschen**, in dem sich seinerzeit eine ganze Generation wiedererkannte und mit dem sich nach wie vor jeder junge Leser identifizieren kann, sofern er bereit ist, den sprachlichen Überschwang der Briefe und das tränenreiche Pathos des Buches als Ausdruck des damaligen

Zeitgeschmacks zu akzeptieren und womöglich interessant zu finden. Werther wird ja nicht erst durch die Leidenschaft zu Lotte der, der er ist. Seine **unglückliche Liebe** ist vielmehr nur *ein* – wenn auch besonders wichtiger – **Ausdruck seines problematischen Verhältnisses zu seiner Mitwelt**. Diese Einsicht zu fördern, ist ein Hauptanliegen dieser Interpretationshilfe.

Wer über ein berühmtes Werk schreibt, steht immer sozusagen auf den Schultern all derjenigen, die sich zuvor mit dem Werk befasst und darüber geschrieben haben. Wenn er dadurch womöglich etwas weiter sehen kann als seine Vorgänger, so haben diese einen wesentlichen Anteil daran. Für den *Werther,* den wohl bis heute berühmtesten und für die weitere Entwicklung der Literatur einflussreichsten deutschen Roman, gilt das natürlich in besonderer Weise, denn die Forschungsliteratur zu diesem Werk ist außerordentlich umfangreich.

Der Anspruch dieser Interpretationshilfe beschränkt sich darauf, das, was für eine **ergiebige Beschäftigung mit dem Buch im Unterricht** erforderlich erscheint, auf verständliche Weise und auf der Höhe der literaturwissenschaftlichen Forschung mitzuteilen.

Biografischer Hintergrund

Goethes Leben ist besser dokumentiert als das jedes anderen Deutschen, der während der zweiten Hälfte des 18. und der ersten Hälfte des 19. Jahrhunderts gelebt hat. Diese **Quellenlage** ist Ausdruck der Bedeutung, die schon die Zeitgenossen dem Dichter und dem Menschen Goethe zumaßen. Natürlich fließen die Quellen für die späteren Jahre seines Lebens reichlicher als für die Jugend. Doch auch über diese frühe Zeit wissen wir viel, nicht zuletzt durch die Autobiografie *Aus meinem Leben. Dichtung und Wahrheit,* in der Goethe die ersten 25 Jahre seines Lebens darstellt. Insgesamt ist das Leben Goethes so gut überliefert, dass der Schweizer Forscher Robert Steiger eine vielbändige Chronik *Goethes Leben von Tag zu Tag* (1982) zusammenstellen konnte.

Die Ausnahmestellung Goethes zeigt sich auch am **Umfang seines Werkes** und am unermüdlichen **Interesse der literaturwissenschaftlichen Forschung** daran. Schon die erste historisch-kritische Gesamtausgabe, die noch im 19. Jahrhundert entstand und die neben den Werken auch die Briefe und Tagebücher einschließt, die so genannte *Weimarer Ausgabe,* umfasst 143 Bände. Goethe schrieb nicht nur literarische Werke, sondern unternahm und veröffentlichte zudem autodidaktische Forschungen auf vielen Gebieten der Naturwissenschaften. Auch wenn er dabei manchmal in die Irre ging, so zeigen diese naturwissenschaftlichen Schriften doch die Bandbreite seines Wissensdrangs und seiner Begabung. Hinzu kommen noch die amtlichen Schriften, die er als Minister des Großherzogtums Sachsen-Weimar verfasste.

Diese Vorbemerkungen zeigen: Wer Goethe kennen lernen möchte, sollte sich Zeit nehmen. Diese Einsicht ist jedoch nicht als entmutigende Warnung gemeint, dass man Goethe ohnehin nicht ausstudieren kann, sondern als Versprechen, dass die Beschäftigung mit Goethe immer neue interessante Perspektiven eröffnet, dass man zu Goethe immer wieder zurückkehren kann, ohne sich dabei zu langweilen.

Goethe hat seine literarischen Werke einmal als „Bruchstücke einer großen Konfession" bezeichnet (*Dichtung und Wahrheit,* 2. Teil, 7. Buch; HA, Bd. 9, S. 283). Damit verweist er auf den **autobiografischen Kern seiner Dichtungen**. Für den *Werther*-Roman gilt diese Aussage in besonderer Weise. Von daher ist es notwendig und aufschlussreich, einen näheren Blick auf die Entstehungsgeschichte dieses Romans zu werfen und zu sehen, wie eng die Parallelen zwischen der Handlung des Buchs und der ihr zugrunde liegenden Episode aus Goethes Leben sind. Die Kenntnis dieser Zusammenhänge ist auch deshalb wichtig, weil erst sie den Blick dafür schärft, in welchen Punkten Goethe in seinem Roman von der Schilderung seiner eigenen Erfahrungen abgewichen ist. Erst aus der **künstlerischen Verarbeitung des Lebensmaterials** entsteht das Kunstwerk, das den Leser in seinen Bann zieht und ihm zu denken gibt.

1 Goethes Leben

Johann Wolfgang von Goethe wurde am **28. August 1749** in **Frankfurt am Main** geboren. Sein Vater, Johann Caspar Goethe, war Jurist und lebte nach beruflichen Enttäuschungen vom Kapital des Vaters, eines zu Vermögen gekommenen Handwerkers aus Thüringen. Seine Mutter, Catharina Elisabeth Goethe, war die Tochter des Bürgermeisters und obersten Richters der Freien Reichsstadt Frankfurt Johann Wolfgang Textor. Bei der Geburt Johann Wolfgangs, ihres Erstgeborenen, war sie gerade 18 Jahre alt, 20 Jahre jünger als ihr Mann.

Von Goethes Geschwistern erreichte nur die etwas jüngere Schwester Cornelia das Erwachsenenalter. Während der Kindheit waren die beiden Geschwister eng aufeinander bezogen. Der Vater, ansonsten beschäftigungslos, kümmerte sich um ihre Ausbildung. Schon früh zeigte sich Johann Wolfgangs künstlerische Begabung.

Mit 16 Jahren ging er nach **Leipzig**, um dort auf den Wunsch des Vaters hin Jura zu studieren. Dem Studium widmete er sich nur mit halber Kraft. Hauptsächlich hörte er Vorlesungen über die schönen Künste, nahm Zeichenunterricht und fertigte Gedichte und kleine Theaterstücke an, die vorwiegend noch dem Geschmack der Zeit, dem Rokoko, verhaftet sind: idyllisch, der Realität enthoben und etwas frivol. Doch selbst in diesen Jugendwerken deutet sich ein neuer Ton an, der von unmittelbarem, ‚echtem' und nicht nur literarischen Mustern nachempfundenem Gefühl getragen zu sein scheint.

Nach drei Leipziger Jahren, einer enttäuschend verlaufenen Jugendliebe und etwas zu gewaltsam unternommenen Anstrengungen, sich abzuhärten, erlitt Goethe im Sommer 1768 einen gesundheitlichen Zusammenbruch, der vermutlich auf den Ausbruch einer leichten Tuberkulose zurückzuführen ist. Er kehrte ins Elternhaus zurück, wo er sich nur langsam erholte.

Erst im Frühjahr 1770 nahm er sein Studium wieder auf, das er in **Straßburg** fortsetzte. Die eineinhalb Jahre, die er dort verbrachte, waren besonders durch die Begegnung mit dem nur fünf Jahre älteren Theologen Johann Gottfried Herder prägend, der sich bereits mit Veröffentlichungen über die Geschichte der Literatur einen Namen gemacht hatte. Herders Hauptidee war, dass jedes Volk und jedes Zeitalter seine charakteristische Kunst schaffe, die entsprechend nach diesen Zeitumständen beurteilt werden müsse und nicht, wie es seit Jahrhunderten als selbstverständlich galt, an den Vorbildern der Antike, der griechischen und römischen Dichtung, zu messen sei. Diese geschichtliche

Betrachtungsweise wirkt heute nicht sehr originell, was aber nur zeigt, wie allgemein sie sich durchgesetzt hat. Seinerzeit kam sie einer Revolution im Bereich der Kunst gleich. Herder propagierte außerdem Shakespeare, der sich in seinen Dramen im Vergleich mit den antiken Mustern über alle Regeln der Kunst hinwegzusetzen schien und dessen Gestalten auf eine Weise lebendig wirkten, der gegenüber die Helden der antiken Dramen verblassten. Auch wies Herder, ganz im Einklang mit seiner Hauptidee, auf den Wert der bis dahin unter Literaturkennern eher veschmähten Volkspoesie hin. Mit diesen Vorstellungen ebnete Herder der literarischen Bewegung des Sturm und Drang, die in diesen Jahren aufkam und die sich gegen die überkommene schematische Literatur wandte, den Weg. Goethe nahm alle diese Anregungen auf. Er sammelte Volkslieder und schrieb für Friederike Brion, eine Pfarrerstochter im elsässischen Sesenheim, Liebesgedichte, in denen er sich von allen literarischen Schablonen freimachte und die bis heute als Beginn und früher Höhepunkt der so genannten Erlebnislyrik berühmt sind (etwa *Mailied* und *Willkommen und Abschied*).

Johann Gottfried Herder (1744–1803)

Als Doktor der Rechte kehrte Goethe Ende August 1771 nach **Frankfurt** zurück. Gerade 22 Jahre alt geworden, eröffnete er eine Rechtsanwaltspraxis, die er jedoch nur nebenher betrieb, da er durch das Vermögen seines Vaters der Notwendigkeit enthoben war, seinen Lebensunterhalt zu verdienen. Noch ungewiss darüber, wie weit sein dichterisches Talent reichte, beschäftigte er sich weiterhin mit literarischen Plänen. Er veranstaltete eine Gedenkfeier für Shakespeare und schrieb im Herbst ein Drama über *Götz von Berlichingen,* einen deutschen Reichsritter, der in der ersten Hälfte des 16. Jahrhunderts gelebt und eine Schilderung seines Lebens hinterlassen hatte. Das in seiner äußeren Form stark von Shakespeare beeinflusste Stück schickte er Herder zur Beurteilung, der, wie erwartet, vieles auszusetzen hatte. Dennoch sorgte der *Götz von Berlichingen,* als Goethe ihn etwas umgearbeitet 1773 veröffentlichte, für großes Aufsehen.

Johann Wolfgang Goethe, 1773

In den ersten Monaten nach seiner Rückkehr nach Frankfurt knüpfte Goethe auch Kontakte in die nahe gelegene Residenz **Darmstadt**. Die Landgräfin von Hessen-Darmstadt, Caroline, förderte die Künste. An ihrem Hof hatte sich ein Zirkel von Kunstbegeisterten gebildet, die sich ganz der Empfindsamkeit, einer weiteren geistigen Mode, die damals verbreitet war, hingaben. Zu dieser „Gemeinschaft der Heiligen“ gehörte unter anderem Herders Verlobte Caroline Flachsland. Zentrale Figur des Kreises war Johann Heinrich Merck, ein Mensch von scharfem Verstand, der am Darmstädter Hof in recht untergeordneter Stellung als Sekretär tätig war. Als Ende 1771 in Frankfurt der Plan aufkam, die *Frankfurtischen Gelehrten Anzeigen,* eine wenig erfolgreiche Zeitung für Rezensionen, unter dem leicht veränderten Namen *Frankfurter Gelehrte Anzeigen* neu herauszubringen, wurde Merck zusätzlich die Chefredaktion übertragen. Eine Zeitlang wurde die Zeitung daraufhin zum Organ der jungen Generation, die darin ihre Weltanschauung vertrat. Goethe beteiligte sich ein Jahr lang intensiv und notierte später im Rückblick: „Die Rezensionen in den ‚Frankfurter Gelehrten Anzeigen‘ von 1772 und 1773 geben einen vollständigen Begriff von dem damaligen Zustand unserer Gesellschaft und Persönlichkeit. Ein unbedingtes Bestreben, alle Begrenzungen zu durchbrechen, ist bemerkbar." (*Tag- und Jahreshefte als Ergänzung meiner sonstigen Bekenntnisse;* HA, Band 10, S. 430) Bemerkenswert und kennzeichnend sowohl für die künstlerische Wandlungsfähigkeit wie auch für seine noch unabgeschlossene Suche nach einem eigenen künstlerischen Standpunkt ist dabei, dass Goethe, während er für die Zeitung in Ansätzen seine Überzeugungen als Stürmer und Dränger formulierte, zu gleicher Zeit für den Darmstädter Zirkel empfindsame Gedichte in künstlich exaltiertem Ton verfasste: „[...] Werfe den hoffenden Blick / Auf Lila, sie nähert sich mir, / Himmlische Lippe! / Und ich wanke, nahe mich, / Blicke, seufze, wanke – / Seligkeit! Seligkeit! [...]" Beide Tonlagen, die alle Konventionen und Illusionen verachtende des Stürmers und Drängers wie auch die tränenreich gerührte des Empfindsamen, kehren im *Werther* wieder.

Im Frühjahr 1772 folgte Goethe, der sich in seiner Heimatstadt eingeengt fühlte, dem Rat des Vaters, als Praktikant am Reichskammergericht, dem obersten Gerichtshof des Reiches für Streitigkeiten der Reichsstände untereinander, seine juristische Erfahrung zu vertiefen. Das Reichskammergericht war seit Ende des 17. Jahrhunderts in der kleinen hessischen Stadt **Wetzlar** untergebracht. Etwa ein Fünftel der Einwohner bestand aus Zugezogenen, die vorübergehend oder ständig am Gericht zu tun hatten. Hier lernte Goethe Charlotte Buff kennen, die zum Vorbild der Lotte im *Werther* wurde.

Goethe verliebte sich in Charlotte und schloss gleichzeitig Freundschaft mit deren Verlobtem. Als diese Konstellation am Ende des Sommers für alle Beteiligten zur Belastung wurde, floh Goethe zurück nach **Frankfurt**, hielt aber mit den beiden Brautleuten in der Folgezeit engen brieflichen Kontakt. Er praktizierte weiter als Rechtsanwalt, war unschlüssig, was er mit seinem Leben anfangen sollte, spielte mit dem Gedanken an Selbstmord, durchstreifte in einsamen Wanderungen die Umgebung, dichtete seine Sturm-und-Drang-Hymnen in freien Rhythmen und experimentierte daneben mit verschiedenen literarischen Formen. Im Frühjahr 1774 schrieb er dann in wenigen Wochen den *Werther* nieder, der im Herbst, zunächst anonym, herauskam und sofort ein ungeheurer Erfolg war. Schnell fand man heraus, wer der Autor sein müsse. Goethes Elternhaus in Frankfurt wurde zum Treffpunkt der neuen Literaturbewegung und fortschrittlich gesinnter Leute. Im Dezember 1774 erhielt Goethe so auch Besuch von Carl Ludwig von Knebel, dem Kammerherrn und Erzieher der Prinzen Carl August und Constantin von Sachsen-Weimar-Eisenach.

Carl August, Großherzog von Sachsen-Weimar-Eisenach (1757–1828)

Ein knappes Jahr später, im November 1775, folgte Goethe der Einladung des mittlerweile 18-jährigen Carl August nach **Weimar**, der als neuer Großherzog kurz zuvor die Regierung von seiner verwitweten Mutter Anna Amalia übernommen hatte. Carl August versuchte Goethe als Mitglied seines Staatsrats zu gewinnen. Hier bot sich Goethe die Chance, die lebhaft empfundene Halbherzigkeit seiner bisherigen Existenz abzuschütteln und tätig ins Leben einzugreifen. Goethe sagte zu, siedelte nach Weimar über und übernahm politische Verantwortung. Weimar glich mit seinen rund 6000 Einwohnern in vieler Hinsicht mehr einem Dorf als einer glänzenden Residenz, auch wenn sich um Anna Amalia ein kultureller Zirkel gebildet hatte. Gegen den anfänglichen Widerstand seiner älteren Staatsratskollegen wurde Goethe bald zum wichtigsten Minister des Großherzogtums. Carl August übertrug ihm die Leitung des Bergbaus, später des Kriegswesens, des Wegebaus und zuletzt der Staatsfinanzen. 1782 wurde ihm der persönliche Adel verliehen.

Zehn Jahre lang rieb sich Goethe in seinen Ämtern auf. Seine dichterische Produktion litt unter solchen Belastungen, auch wenn in diesem Jahrzehnt wichtige Werke konzipiert wurden: So entstanden die Prosafassungen der *Iphigenie* und des *Torquato Tasso* sowie die Urfassung des *Wilhelm Meister,* der Theaterroman *Wilhelm Meisters theatralische Sendung.* Andere Werke wie das Drama *Egmont* und der noch in Frankfurt begonnene *Faust (Urfaust)* blieben liegen. Auch die jahrelange platonische Beziehung zu der verheirateten Hofdame Charlotte von Stein geriet in eine Sackgasse. Goethe sehnte sich nach einer Wiedergeburt.

Charlotte von Stein (1742–1827)

Anfang September 1786, kurz nach seinem 37. Geburtstag, reiste er nach **Italien** ab, das ihm bisher unbekannte Land seiner Sehnsucht. Nur der Großherzog war informiert. Eineinhalb Jahre blieb Goethe weg, lebte, zunächst unter Pseudonym, zumeist in Rom, studierte die Überreste der antiken Kunstwerke, näherte sich einem neuen Kunstideal (aus dem sich später die berühmte „Weimarer Klassik“ entwickelte), malte, dichtete und fand wieder zu sich selbst. Das bedeutete aber auch, dass er feststellte, eigentlich kein Politiker, kein Gelegenheitsdichter, sondern ausschließlich Künstler zu sein.

Er kehrte nach **Weimar** zurück, jedoch nicht in seine alten Ämter. Der verständnisvolle Großherzog betraute ihn lediglich mit der Aufsicht über die Künste und die Wissenschaften, vor allem also über das Hoftheater und die Universität in Jena. Nur langsam gewöhnte sich Goethe wieder an den kühlen Norden und die Weimarer Verhältnisse. Zusätzlich isolierte er sich, als er bald nach seiner Rückkehr eine junge Arbeiterin aus der Blumenfabrik des einzigen Fabrikanten am Ort, Christiane Vulpius (deren Bruder sich später als Autor des Räuberromans *Rinaldo Rinaldini* einen Namen machte), zu sich ins Haus nahm, nachdem sie seine Geliebte geworden war. Für die Gesellschaft des kleinstädtischen Weimar war das ein ungewöhnlicher Affront. Die Beziehung zu Charlotte von Stein erlosch.

Christiane Vulpius (1765–1816). Bleistiftzeichnung von Johann Wolfgang von Goethe, 1788

Noch vor Goethes Rückkehr war Friedrich Schiller nach Weimar gezogen, das unter dem Einfluss der Fürstinmutter immer mehr zum geistigen Mittelpunkt Deutschlands wurde. Anfangs gingen sich die beiden schon damals berühmtesten deutschen Schriftsteller aus dem Weg. Schließlich kam es jedoch, nachdem der jüngere Schiller den von ihm eifersüchtig bewunderten Goethe gezielt umworben hatte, zu einer geistigen Partnerschaft, die sich auf das Schaffen beider Dichter außerordentlich produktiv auswirkte und die erst mit dem Tod Schillers im Jahre 1805 endete. In Zeitschriftenprojekten und den Werken jener Jahre formten Goethe und Schiller das Programm der Weimarer Klassik.

Friedrich Schiller (1756–1805)

Nach Schillers Tod hat Goethe keinen ebenbürtigen Gesprächspartner mehr gefunden. Er lebte noch mehr als ein Vierteljahrhundert, schrieb einen weiteren bedeutenden Roman *(Die Wahlverwandtschaften),* seine umfangreiche Autobiografie

Dichtung und Wahrheit, die auf alten Aufzeichnungen basierende *Italienische Reise* und erweiterte bis ins hohe Alter seinen geistigen Horizont, wie der *Westöstliche Divan* zeigt, der große Zyklus unter den Altersgedichten, der auf einer intensiven Aneignung der arabischen Welt beruht. Bis zuletzt schrieb er am *Faust,* der ihn beinahe seine ganze schöpferische Existenz hindurch begleitete und der erst kurz vor seinem Tod 1832 fertig wurde.

1816 starb Christiane, die Goethe 1806 geheiratet hatte, nachdem sie ihn im Anschluss an die Völkerschlacht von Jena und Auerstedt unerschrocken vor den plündernden Soldaten der siegreichen französischen Armee geschützt hatte. Ihr gemeinsamer Sohn August, der zu diesem Zeitpunkt 16 Jahre alt war, fungierte als Trauzeuge.

Mit zunehmendem Alter eignete sich Goethe ein förmliches Wesen an, das auch als Schutz vor den Zudringlichkeiten der Leute diente, die von überallher kamen, um den berühmten Dichter zu sprechen und die in der Regel, wenn es ihnen gelungen war, zu ihm vorgelassen zu werden, schleunigst nach Hause liefen, um alles aufzuschreiben, was sie dort im Hause am Frauenplan erlebt hatten. Umsorgt von seiner Schwiegertochter, bis ins hohe Alter immer wieder auch hingerissen von Leidenschaften für (im Verhältnis zu ihm) immer jüngere Frauen, bei der Arbeit unterstützt von seinen Sekretären und Schreibern, im gewohnten Umgang mit einigen langjährigen vertrauten Freunden, nicht zuletzt umgeben von seinen ausgedehnten künstlerischen und naturwissenschaftlichen Sammlungen, lebte er lange. In seine Lebenszeit (1749–1832) fallen die letzten Jahrzehnte der spätabsolutistischen Ordnung, die Französische Revolution, die Revolutionskriege, der Niedergang und die Auflösung des alten Deutschen Reichs, die französische Besatzungszeit in weiten Teilen Deutschlands, der nationale Aufbruch in den Befreiungskriegen und schließlich die Jahre der Restaurationszeit. Mit Goethes Tod, das wurde allgemein empfunden, ging eine Epoche zu Ende.

2 Die Entstehung des „Werther"-Romans

Über den Eindruck, den Goethe zur Zeit seines Aufenthalts in **Wetzlar** im **Frühjahr und Sommer 1772** auf seine Umgebung machte, gibt es einen Bericht des hannoverischen Legationssekretärs beim Reichskammergericht **Johann Christian Kestner**. Dieser Bericht ist mit Blick auf den *Werther*-Roman doppelt interessant, weil Kestner der Verlobte von **Charlotte Buff** war, in die sich Goethe in Wetzlar verliebt hatte. Kestner schrieb im Herbst 1772, also nach der Abreise Goethes, im zweiten Entwurf eines Briefes an seinen Freund August von Hennings:

> *Im Frühjahr kam hier der Doktor Goethe von Frankfurt am Main. Er sollte hier die Praxin treiben. Er war 23 Jahr alt und passierte hier für einen Philosophen, welchen Titel er aber nicht auf sich kommen lassen wollte. Die schönen Geister bemüheten sich um seine Bekanntschaft; denn er hatte aus den schönen Wissenschaften sein Hauptwerk gemacht oder vielmehr aus allen Wissenschaften, nur nicht den sogenannten Brotwissenschaften. Er hassete die Juristerei und bedarf ihrer auch nicht, da sein Vater außerordentlich reich, er aber der einzige Sohn ist. Ich lernte ihn von ohngefähr kennen, und mein erstes Urteil von ihm war, daß er kein unbeträchtlicher Mensch sei. Sie wissen, daß ich nicht eilig beurteile.* (GivB, Band 1, S. 37 f.)

Schon die Umstände der ersten Begegnung Kestners mit Goethe sind kennzeichnend. Auf einem Spaziergang nach dem Dorf Garbenheim, aus dem im Roman später Werthers „Wahlheim" wurde, treffen Kestner und sein Begleiter auf eine Gruppe junger Leute, von denen einer unter einem Baum auf dem Rücken im Gras liegt, während die anderen, mit denen er sich unterhält, um ihn herumstehen. Der im Gras ist Goethe.

In Kestners erstem (Absatz 1) und zweitem Briefentwurf (Absätze 2 und 3) heißt es ferner:

Ehe ich weitergehe, muß ich eine Schilderung von ihm versuchen, da ich ihn nachher genau kennengelernet habe. / Er besitzt, was man Genie nennt, und eine ganz außerordentlich lebhafte Einbildungskraft. Er ist in seinen Affekten heftig. Er hat eine edle Denkungsart. Er ist ein Mensch von Charakter. Er liebt die Kinder und kann sich mit ihnen sehr beschäftigen. Er ist bizarre und hat in seinem Betragen, seinem Äußerlichen verschiedenes, das ihn unangenehm machen könnte. Aber bei Kindern, bei Frauenzimmern und vielen andern ist er doch wohl angeschrieben. / Er tut, was ihm einfällt, ohne sich darum zu bekümmern, ob es anderen gefällt, ob es Mode ist, ob es die Lebensart erlaubt. Aller Zwang ist ihm verhaßt. / Für dem weiblichen Geschlecht hat er sehr viele Hochachtung. / In principiis ist er noch nicht fest und strebt noch erst nach einem gewissen System. / Um etwas davon zu sagen, so hält er viel von Rousseau, ist jedoch kein blinder Anbeter von *demselben. […] Vor der christlichen Religion hat er Hochachtung, nicht aber in der Gestalt, wie sie unsere Theologen vorstellten. / Er* glaubt *ein künftiges Leben, einen besseren Zustand. […]*

Den 9. Junii fügte es sich, daß er mit bei einem Ball auf dem Lande war, wo mein Mädchen und ich auch waren. Ich konnte erst nachkommen und ritt dahin. Mein Mädchen fuhr also in einer andern Gesellschaft hin; der Dr. Goethe war mit im Wagen und lernte Lottchen hier zuerst kennen. […] Lottchen zog gleich seine ganze Aufmerksamkeit an sich. Sie ist noch jung; sie hat, wenn sie gleich keine ganz regelmäßige Schönheit ist (ich rede hier nach dem gemeinen Sprachgebrauch und weiß wohl, daß die Schönheit eigentlich keine Regeln hat), eine sehr vorteilhafte, einnehmende Gesichtsbildung; ihr Blick ist wie ein heitrer Frühlingsmorgen, zumal den Tag, weil sie den Tanz liebt. Sie war lustig; sie war in ganz ungekünsteltem Putz. Er bemerkte bei ihr Gefühl für das Schöne der Natur und einen ungezwungenen Witz, mehr Laune als Witz.

Er wußte nicht, daß sie nicht mehr frei war. Ich kam ein paar Stunden später, und es ist nie unsere Gewohnheit, an öffentlichen Orten mehr als Freundschaft gegeneinander zu äußern. Er war den Tag ausgelassen lustig (dieses ist er manchmal, dagegen zur andern Zeit melancholisch). Lottchen eroberte ihn ganz, um desto mehr, da sie sich keine Mühe darum gab, sondern sich nur dem Vergnügen überließ. Anderntags konnte es nicht fehlen, daß Goethe sich nach Lottchens Befinden auf dem Ball erkundigte. Vorhin hatte er in ihr ein fröhliches Mädchen kennengelernt, das den Tanz und das ungetrübte Vergnügen liebt; nun lernte er sie auch von der Seite, wo sie ihre Stärke hat, von der häuslichen Seite kennen. (GivB, Band 1, S. 36 ff.)

Es ist erstaunlich, wie in diesem Brief, den Goethe nicht kennen konnte, Personen und Ereignisse auf eine Weise geschildert werden, die die Darstellung in Goethes Roman in entscheidenden Zügen vorwegzunehmen scheint. Natürlich darf man nicht den Fehler machen, Werther für Goethe zu halten und Werthers Lotte für Charlotte Buff. Doch die Übereinstimmungen zwischen Kestners Bericht und Goethes Roman bezeugen die **enge Anlehnung der Romanhandlung an Goethes tatsächliche Erlebnisse in Wetzlar**. Darüber hinaus sprechen die Genauigkeit des Charakterporträts, das Kestner von Goethe entwirft, die liebevolle Schilderung, die er von Lotte und ihrer gemeinsamen Beziehung gibt, und sein Vermögen, die Begegnung zwischen Goethe und Lotte so wiederzugeben, dass die Situation dem Leser plastisch vor Augen steht, für seine Klugheit, seine Fairness und sein erzählerisches Talent.

Schattenriss von Charlotte Buff (1753–1828), 1772. Am 17. Juli 1774 schrieb Goethe *Lotte gute Nacht* darunter.

In seinem Brief vom 18. November an Hennings schreibt Kestner zuletzt:

Es konnte ihm nicht lange unbekannt bleiben, daß sie ihm nichts als Freundschaft geben konnte, und ihr Betragen gegen ihn gab wiederum ein Muster ab. Dieser gleiche Geschmack, und da wir uns näher kennenlernten, knüpfte zwischen ihm und mir das festeste Band der Freundschaft, so daß er bei mir gleich auf meinen lieben Hennings folgt. Indessen, ob er gleich in Ansehung Lottchens alle Hoffnung aufgeben mußte und auch aufgab, so konnte er mit aller seiner Philosophie und seinem natürlichen Stolze so viel nicht über sich erhalten, daß er seine Neigung ganz bezwungen hätte. Und er hat solche Eigenschaften, die ihn einem Frauenzimmer, zumal einem empfindenden und das von Geschmack ist, gefährlich machen können. Allein Lottchen wußte ihn so kurzzuhalten und auf eine solche Art zu behandeln, daß keine Hoffnung bei ihm aufkeimen konnte und er sie, in ihrer Art zu verfahren, noch selbst bewundern mußte. Seine Ruhe litt sehr dabei. Es gab mancherlei merkwürdige Szenen, wobei Lottchen bei mir gewann und er mir als Freund auch werter werden mußte, ich aber doch manchmal bei mir erstaunen mußte, wie die Liebe so gar wunderliche Geschöpfe selbst aus den stärksten und sonst für sich selbständigen Menschen machen kann. Meistens dauerte er mich, und es entstanden bei mir innerliche Kämpfe, da ich auf der einen Seite dachte, ich möchte nicht imstande sein, Lottchen so glücklich zu machen als er, auf der andern Seite aber den Gedanken nicht ausstehen konnte, sie zu verlieren. Letzteres gewann die Oberhand, und an Lottchen habe ich nicht einmal eine Ahndung von dergleichen Betrachtung bemerken können. Kurz, er fing nach einigen Monaten an, einzusehen, daß er zu seiner Ruhe Gewalt gebrauchen mußte. In einem Augenblicke, da er sich darüber völlig determiniert hatte, reisete er ohne Abschied davon, nachdem er schon öfters vergebliche Versuche zur Flucht gemacht hatte. Er ist zu

Frankfurt, und wir reden fleißig durch Briefe miteinander. Bald schrieb er, nunmehr wieder seiner mächtig zu sein, gleich darauf fand ich wieder Veränderungen bei ihm. Kürzlich konnte er es doch nicht lassen, mit einem Freunde, der hier Geschäfte hatte, herüber zu kommen; er würde vielleicht noch hier sein, wenn seines Begleiters Geschäfte nicht in einigen Tagen beendet worden wären [...]; denn er folgt seiner nächsten Idee und bekümmert sich nicht um die Folgen, und dieses fließt aus seinem Charakter, der ganz Original ist. (GivB, Band 1, S. 39 f.)

Goethe war, ganz so wie Werther im Roman, am frühen Morgen des 11. September 1772 ohne Abschied aufgebrochen. Er hinterließ Lotte und Kestner nur zwei kurze Briefe, die schon so ziemlich den *Werther*-Ton treffen:

Er ist fort Kestner wenn Sie diesen Zettel kriegen, er ist fort. Geben Sie Lottchen innliegenden Zettel. Ich war sehr gefasst aber euer Gespräch hat mich aus einander gerissen. [...] Wäre ich einen Augenblick länger bey euch geblieben, ich hätte nicht gehalten. Nun binn ich allein, und morgen geh ich. O mein armer Kopf. (An Kestner; WA, Band 95, Brief 91, S. 21)

Am Abend zuvor war Goethe ein vorläufig letztes Mal mit den beiden Freunden zusammen gewesen. Über das Gespräch, das Goethe so getroffen hatte, notierte Kestner in seinem Tagebuch unter dem Datum des 10. September:

Abends kam Dr. Goethe nach dem Deutschen Hause. Er, Lottchen und ich hatten ein merkwürdiges Gespräch von dem Zustand nach diesem Leben, vom Weggehen und Wiederkommen usw., welches nicht er, sondern Lottchen anfing. Wir machten miteinander aus, wer zuerst von uns stürbe, sollte, wenn er könnte, den Lebenden Nachricht von dem Zustande jenes Lebens geben. Goethe wurde ganz niedergeschlagen, denn er wußte, daß er am andern Morgen weggehen wollte. (HA, Band 6, S. 518)

Bei aller Erleichterung über den Ausweg aus einer immer schwieriger gewordenen Situation zeigten sich die Verlassenen über Goethes Weggang sehr betroffen: „Unter den Kindern im Deutschen Hause sagte jedes: ‚Doktor Goethe ist fort!'", heißt es in Kestners Tagebuch am 11. September, und: „Wir sprachen nur von ihm." (HA, Band 6, S. 518)

Das Deutsche Haus in Wetzlar

Währenddessen wanderte Goethe durch das Lahntal, machte nach einigen Tagen in Ems Station und reiste dann auf einem Boot nach Ehrenbreitstein bei Koblenz, wo er die kürzlich mit dem empfindsamen Briefroman *Geschichte des Fräuleins von Sternheim* (1771) bekannt gewordene Schriftstellerin Sophie von La Roche besuchte. Sophie von La Roche, 1731 geboren, war eine enge Freundin Christoph Martin Wielands, des berühmten Schriftstellers, der einer der Wegbereiter Shakespeares in Deutschland war und in Weimar die Erziehung der beiden Prinzen leitete. Auf Schloss Ehrenbreitstein verliebte sich Goethe ein wenig in die älteste Tochter des Hauses, Maximiliane. Diese neue Liebe linderte aber die Schmerzen, die ihm seine unmögliche Liebe zu Charlotte Buff bereitete, nur wenig. In den zahlreichen Briefen, die Goethe während dieser Zeit an die Freunde in Wetzlar schrieb (die Gegenbriefe haben sich nicht erhalten), machen sich immer wieder die Spannungen bemerkbar, die das Dreiecksverhältnis bei aller aufrichtigen Freundschaft auch zwischen den beiden Männern notwendig hervorrufen musste. Für die Trauung von Kestner und Lotte Anfang April 1773 wollte Goethe – in einer großmütigen Geste – die Eheringe besorgen. Die Brautleute scheinen gezögert zu haben, dies zuzulassen. Goethe tat es dennoch und reagierte gekränkt (März 1773; WA, Band 95, Brief 134, S. 72). In vielen dieser Briefe schlug Goethe einen launigen Ton an, der deutlich macht, wie verletzt er war. Lottes Schattenriss hing an seiner Wand:

> *Lotte hat nicht von mir geträumt. Das nehm ich sehr übel, und will dass sie diese Nacht von mir träumen soll, diese Nacht, und solls Ihnen noch dazu nicht sagen. Die Stelle hat mich in Ihrem Briefe geärgert als ich ihn wiederlas. Nicht einmal von mir geträumt, eine Ehre die wir den gleichgültigsten Dingen widerfahren lassen, die des Tags uns umgeben. Und – ob ich um sie gewesen binn mit Leib und Seel! und von ihr geträumt habe Tag und Nacht. / Bey Gott ich binn ein Narr wenn ich am gescheutsten binn, und mein Genius ein böser Genius der mich nach Wolpertshausen kutschirte. und doch ein guter Genius. Meine Tage in Wetzlar wollt ich nicht besser zugebracht haben, und doch geben mir die Götter keine solche Tage mehr, sie verstehn sich aufs strafen und den Tantalus – Gute Nacht. Das sagt ich auch eben an Lottens Schattenbild.* (An Kestner aus Frankfurt, am 25. September 1772; WA, Band 95, Brief 97, S. 26 f.)

Auch Kestner, der Besonnene, zeigte Emotionen, was schon in seinem Briefbericht an Hennings anklingt und auch aus seinem Tagebucheintrag von Ende Juni 1772 (nur drei Wochen nach Goethes erster Begegnung mit Lotte) hervorgeht:

Nachher und wie ich meine Arbeit getan, geh' ich zu meinem Mädchen, ich finde den Dr. Goethe da [...] Er liebt sie, und ob er gleich ein Philosoph und mir gut ist, sieht er mich doch nicht gern kommen, um mit meinem Mädchen vergnügt zu sein. Und ich, ob ich ihm gleich recht gut bin, so sehe ich doch auch nicht gern, daß er bei meinem Mädchen allein bleiben und sie unterhalten soll. (HA, Band 6, S. 517)

Der *Werther*-Roman wird später von entsprechenden Situationen berichten (vgl. das Ende des Briefes vom 30. Juli 1771).

Wann Goethe den Entschluss gefasst hat, **seine Erlebnisse** zur **Grundlage eines Romans** zu machen, sich seine unglückliche Liebe gewissermaßen von der Seele zu schreiben, indem er sie in einem literarischen Werk objektivierte und damit von sich distanzierte, ist nicht mehr zu klären.

Nahe liegend ist aber die Vermutung, dass ihm bereits die Nachricht vom **Selbstmord Carl Wilhelm Jerusalems** die Idee zu dem Roman eingab. Aus der Distanz von vier Jahrzehnten hat es Goethe in seiner Autobiografie *Dichtung und Wahrheit* jedenfalls so dargestellt:

Auf einmal erfahre ich die Nachricht von Jerusalems Tode, und, unmittelbar nach dem allgemeinen Gerüchte, sogleich die genauste und umständlichste Beschreibung des Vorgangs, und in diesem Augenblick war der Plan zu „Werthern“ gefunden, das Ganze schoß von allen Seiten zusammen und ward eine solide Masse [...]. (HA, Band 9, S. 585)

Im 12. und 13. Buch von *Dichtung und Wahrheit* hat Goethe ausführlich über die Entstehungszeit seines berühmtesten Werkes berichtet. Es ist interessant, diese Passagen der Autobiografie nachzulesen. Da sich Goethe bei der Schilderung seines Lebens aber natürlich nicht die Möglichkeit entgehen ließ, manches zu glätten und umzudeuten, da er sich nach so langer Zeit wohl auch an vieles nicht mehr ganz genau erinnerte, ist diese wichtige Quelle nicht immer zuverlässig. Deshalb wird hier weitgehend darauf verzichtet, sie heranzuziehen.

Der Selbstmörder Jerusalem war ein flüchtiger Bekannter Goethes schon aus dessen Leipziger Studienzeit. In Wetzlar traf man sich wieder. Jerusalem war dort als Braunschweiger Legationssekretär am Reichskammergericht tätig. Zu einem engeren Kontakt kam es aber auch in Wetzlar nicht. Jerusalem äußerte sich im Gegenteil gegenüber seinem Freund Johann Joachim Eschenburg abfällig über den ehemaligen Leipziger Geck und nunmehrigen Frankfurter Zeitungsschreiber Goethe (Brief vom 18. Juli 1772). Jerusalem, der zwei Jahre älter war als Goethe, war im Übrigen auch stark mit seinen eigenen Problemen beschäftigt. Er verstand sich nicht mit seinem Vorgesetzten, dem braunschweigischen Gesandten von Höfler. Zudem hatte er sich unglücklich in die Frau des Pfalz-Lauternschen Gesandtschaftssekretärs, Elisabeth Herd, verliebt. Er sonderte sich von der Gesellschaft ab, verzweifelte mehr und mehr und erschoss sich schließlich in der Nacht vom 29. auf den 30. Oktober 1772.

Kestner berichtete Goethe in einem sehr langen Brief vom 2. November von der Vorgeschichte und den Umständen der Tat, in die er insofern verwickelt war, als Jerusalem sich mit einer Pistole erschossen hatte, die er am Tag zuvor von Kestner ausgeliehen hatte, unter dem Vorwand, sie auf eine bevorstehende Reise mitnehmen zu wollen. Viele Einzelheiten aus diesem Bericht sind unmittelbar in den *Werther*-Roman eingegangen. So heißt es in Kestners Brief:

> *Jerusalem ist die ganze Zeit seines hiesigen Aufenthalts mißvergnügt gewesen, es sey nun überhaupt wegen der Stelle die er hier bekleidete, und daß ihm gleich Anfangs (bey Graf Bassenheim) der Zutritt in den großen Gesellschaften auf eine unangenehme Weise versagt worden, oder insbesondere wegen des Braun-*

schweigischen Gesandten, mit dem er bald nach seiner Ankunft kundbar heftige Streitigkeiten hatte, die ihm Verweise vom Hofe zuzogen und noch weitere verdrießliche Folgen für ihn gehabt haben. Er wünschte längst, und arbeitete daran, von hier wieder wegzukommen; sein hiesiger Aufenthalt war ihm verhaßt, wie er oft gegen seine Bekannte geäußert hat. [. . .] Neben dieser Unzufriedenheit war er auch in des pfältz. Sekret. Herd Frau verliebt. [. . .] Er entzog sich allezeit der menschlichen Gesellschaft und den übrigen Zeitvertreiben und Zerstreuungen, liebte einsame Spaziergänge im Mondenscheine, gieng oft viele Meilen weit und hieng da seinem Verdruß und seiner Liebe ohne Hoffnung nach. [. . .] Er hat auch verschiedene philosophische Aufsäze gemacht, die Kielmannsegge gelesen und sehr von anderen Meinungen abweichend gefunden hat; unter andern auch einen besondern Aufsatz, worin er den Selbstmord vertheidigte. Oft beklagte er sich gegen Kielmannsegge über die engen Gränzen, welche dem menschlichen Verstande gesetzt wären [. . .]. Inzwischen [. . .] ist unter Herd und seiner Frau etwas vorgegangen, wovon Herd einer Freundin vertrauet, daß sie sich über Jerusalem etwas entzweyet und die Frau endlich verlangt, daß er ihm das Haus verbieten solle, worauf er es auch folgenden Tags in einem Billet gethan. [. . .] Donnerstags [. . .] Mittags [. . .] Schickt [er] um 1 Uhr ein Billet an mich [. . .]. Ich war inzwischen zu Haus gekommen, es mogte ½ 4 Uhr seyn, als ich das Billet bekam:
„Dürfte ich Ew. Wohlgeb. wohl zu einer vorhabenden Reise um ihre Pistolen gehorsamst ersuchen? J."
Da ich nun von alle dem vorher erzählten und von seinen Grundsätzen nichts wußte, indem ich nie besondern Umgang mit ihm gehabt – so hatte ich nicht den mindesten Anstand ihm die Pistolen sogleich zu schicken. [. . .]
Den ganzen Nachmittag war Jerusalem für sich allein beschäftiget, kramte in seinen Papieren, schrieb, ging, wie die Leute unten im Hause gehört, oft im Zimmer heftig auf und nieder. Er

ist auch verschiedene Mal ausgegangen, hat seine kleinen Schulden […] bezahlt. […]
Etwa um 7 Uhr kam der Italiänische Sprachmeister zu ihm. […] Der Italiäner, der auch die Pistolen auf dem Tische liegen gesehen […], geht um halb acht Uhr weg und zu Kielmannsegge, da er denn von nichts als von Jerusalem, dessen Unruhe und Unmuth spricht, ohne jedoch von seiner Besorgniß zu erwähnen, indem er geglaubt, man möchte ihn deswegen auslachen.
Der Bediente ist zu Jerusalem gekommen, um ihm die Stiefel auszuziehen. Dieser hat aber gesagt, er gienge noch aus; wie er auch wirklich gethan hat, vor das Silberthor auf die Starke Weide, und sonst auf die Gasse, wo er bey Verschiedenen, den Hut tief in die Augen gedrückt, vorbey gerauscht ist, mit schnellen Schritten, ohne jemand anzusehen. Man hat ihn auch um diese Zeit eine ganze Weile an dem Fluß stehen sehen, in einer Stellung, als wenn er sich hineinstürzen wolle (so sagt man).
Vor 9 Uhr kommt er zu Haus, sagt dem Bedienten, es müsse im Ofen noch etwas nachgelegt werden, weil er sobald nicht zu Bette ginge, auch solle er auf Morgen früh 6 Uhr alles zurecht machen, läßt sich auch noch einen Schoppen Wein geben. Der Bediente, um recht früh bey der Hand zu seyn […], legt sich mit den Kleidern ins Bette.
Da nun Jerusalem allein war, scheint er alles zu der schrecklichen Handlung vorbereitet zu haben. Er hat seine Briefschaften alle zerrissen und unter den Schreibtisch geworfen, wie ich selbst gesehen. Er hat zwey Briefe, einen an seine Verwandte, den Andern an Herd geschrieben; man meint auch einen an den Gesandten Höffler, den dieser vielleicht unterdrückt. Sie haben auf dem Schreibtisch gelegen. […]
In dem zweyten hat er Herd um Verzeihung gebeten, daß er die Ruhe und das Glück seiner Ehe gestört, und unter diesem theuren Paar Uneinigkeit gestiftet etc. Anfangs sey seine Neigung gegen seine Frau nur Tugend gewesen etc. In der Ewigkeit aber

hoffe er ihr einen Kuß geben zu dürfen etc. Er soll drey Blätter groß gewesen seyn, und sich damit geschlossen haben: „Um 1 Uhr. In jenem Leben sehen wir uns wieder.“ (Vermuthlich hat er sich sogleich erschossen, da er diesen Brief geendigt.) [...]
Nach diesen Vorbereitungen, etwa gegen 1 Uhr, hat er sich denn über das rechte Auge hinein durch den Kopf geschossen. Man findet die Kugel nirgends. Niemand im Hause hat den Schuß gehört; sondern der Franciskaner Pater Guardian, der auch den Blick [Blitz] vom Pulver gesehen, weil es aber stille geworden, nicht darauf geachtet hat. Der Bediente hatte die vorige Nacht wenig geschlafen und hat sein Zimmer weit hinten hinaus, wie auch die Leute im Haus, welche unten hinten hinaus schlafen.
Es scheint sitzend im Lehnstuhl vor seinem Schreibtisch geschehen zu seyn. Der Stuhl hinten im Sitz war blutig, auch die Armlehnen. Darauf ist er vom Stuhle heruntergesunken, auf der Erde war noch viel Blut. Er muß sich auf der Erde in seinem Blute gewälzt haben [...]; dann ist er weiter, um den Stuhl herum, nach dem Fenster hin gekommen, wo wieder viel Blut gestanden, und er auf dem Rücken entkräftet gelegen hat. (Er war in völliger Kleidung, gestiefelt, im blauen Rock mit gelber Weste.)
Morgens vor 6 Uhr geht der Bediente zu seinem Herrn ins Zimmer, ihn zu wecken; das Licht war ausgebrannt, es war dunkel, er sieht Jerusalem auf der Erde liegen, [...] schüttelt ihn, er giebt keine Antwort, und röchelt nur noch. Er läuft zu Medicis und Wundärzten. Sie kommen, es war aber keine Rettung. Dr. Held erzählt mir, als er zu ihm gekommen, habe er auf der Erde gelegen, der Puls noch geschlagen; doch ohne Hülfe. Die Glieder alle wie gelähmt, weil das Gehirn lädiert, auch herausgetreten gewesen; Zum Ueberflusse habe er ihm eine Ader am Arm geöffnet, wobey er ihm den schlaffen Arm halten müssen, das Blut wäre doch noch gelaufen. Er habe nichts als Athem geholt, weil das Blut in der Lunge noch circulirt, und diese daher noch in Bewegung gewesen.

Das Gerücht von dieser Begebenheit verbreitete sich schnell; die ganze Stadt war in Schrecken und Aufruhr. Ich hörte es erst um 9 Uhr, meine Pistolen fielen mir ein, und ich weiß nicht, daß ich kurzens so sehr erschrocken bin. Ich zog mich an und gieng hin. Er war auf das Bette gelegt, die Stirne bedeckt sein Gesicht schon wie eines Todten, er rührte kein Glied mehr, nur die Lunge war noch in Bewegung, und röchelte fürchterlich, bald schwach, bald stärker, man erwartete sein Ende.
Von dem Wein hatte er nur ein Glas getrunken. Hin und wieder lagen Bücher und von seinen eignen schriftlichen Aufsätzen. Emilia Galotti *lag auf dem Pult am Fenster aufgeschlagen; daneben ein Manuscript [...] philosophischen Inhalts, der erste Theil oder Brief war überschrieben:* Von der Freyheit, *es war darin von der moralischen Freyheit die Rede. Ich blätterte zwar darin, um zu sehen, ob der Inhalt auf seine letzte Handlung einen Bezug habe, fand es aber nicht; [...].*
Gegen 12 Uhr starb er. Abends ¾ 11 Uhr ward er auf dem gewöhnlichen Kirchhof begraben [...] in der Stille mit 12 Laternen und einigen Begleitern; Barbiergesellen haben ihn getragen; das Kreuz ward voraus getragen; kein Geistlicher hat ihn begleitet. [...]

Dieses Dokument zeigt, dass im *Werther* in erster Linie die Geschichte von Werthers unglücklicher Liebe zu Lotte auf Goethes eigene Erlebnisse zurückgeht; für andere Teile der Handlung, vor allem für die Gesandtschaftsepisode zu Beginn des zweiten Buchs (Briefe vom 20. Oktober 1771 bis zum 5. Mai 1772) und für den Herausgeberbericht über Werthers Selbstmord, diente das Schicksal Jerusalems als Vorbild. Dabei sind die Sphären natürlich nicht reinlich geschieden, sondern vermischen sich an zahlreichen Nahtstellen der Geschichte. So ist – um nur ein Beispiel zu nennen – der Umstand, dass Lotte Werthers Tat vorausahnt, sich aber nicht traut, über ihre Befürchtungen mit Albert zu sprechen, offenbar von Kestners Erwähnung des italienischen Sprachlehrers angeregt. Dieser erriet Jerusalems selbstmörderische Absicht, eilte daraufhin zu Jerusalems bestem Freund Kielmannsegge, schwieg diesem gegenüber dann aber aus Besorgnis, sich lächerlich zu machen, über seinen Verdacht.

Goethe dankte Kestner aus Frankfurt für den Bericht „von des armen Jerusalems Todt", der ihn „herzlich interessirt" habe. Er werde den Brief zurückschicken, sobald er abgeschrieben sei. Er selbst beabsichtige aber „vor der Hand noch nicht", sich zu erschießen (29. November 1772; WA, Band 95, Brief 110, S. 41 f.).

Auch wenn Goethe später in *Dichtung und Wahrheit* behauptete, mit der Nachricht vom Tod Jerusalems sei der Plan zu dem Roman gefasst gewesen, dauerte es noch mehr als ein Jahr, bis er das Buch niederschrieb. Diese **Verzögerung** entspricht Goethes Arbeitsweise als Schriftsteller, wie sich an der Entstehungsgeschichte vieler seiner Werke belegen lässt und wie er selbst an entlegener Stelle auch einmal ausdrücklich bestätigt hat:

> *[S]o hatte ich selbst gegen die Dichtkunst ein eignes wundersames Verhältnis, das bloß praktisch war, indem ich einen Gegenstand, der mich ergriff, [...] so lange in meinem innern Sinn trug und hegte, bis daraus etwas entstanden war, das als mein angesehen werden mochte und das ich, nachdem ich es jahrelang im stillen ausgebildet, endlich auf einmal, gleichsam aus dem Stegreife und gewissermaßen instinktartig, auf das Papier fixierte. Daher denn die Lebhaftigkeit und Wirksamkeit meiner Produktionen sich ableiten mag.* (Geschichte der Farbenlehre, HA, Bd. 14, S. 252)

Dazu passt der Bericht über die Niederschrift des *Werther* in *Dichtung und Wahrheit:*

> *Ich hatte mich äußerlich völlig isoliert, ja die Besuche meiner Freunde verbeten, und so legte ich auch innerlich alles beiseite, was nicht unmittelbar hierher gehörte. Dagegen faßte ich alles*

zusammen, was einigen Bezug auf meinen Vorsatz hatte, und wiederholte mir mein nächstes Leben, von dessen Inhalt ich noch keinen dichterischen Gebrauch gemacht hatte. Unter solchen Umständen, nach so langen und vielen geheimen Vorbereitungen, schrieb ich den „Werther" in vier Wochen, ohne daß ein Schema des Ganzen, oder die Behandlung eines Teils irgend vorher wäre zu Papier gebracht gewesen. (HA, Band 9, S. 587)

Eine Bemerkung in einem Brief an Kestner vom 15. September 1773 („Jetzt arbeit ich einen Roman, es geht aber langsam") scheint dazu zwar im Widerspruch zu stehen, wird sich aber wohl allenfalls auf Vorarbeiten zum *Werther* beziehen.

Dass sich Goethe im **Februar 1774** zur **Niederschrift des Romans** zurückzog, ist vermutlich auf einen unmittelbaren äußeren Anlass zurückzuführen. Maximiliane von La Roche, die er nach seiner Flucht aus Wetzlar im Herbst 1772 in ihrem Elternhaus auf Ehrenbreitstein kennen gelernt hatte, hatte zu Beginn des Jahres 1774 den sehr viel älteren Frankfurter Kaufmann Peter Anton Brentano geheiratet. Goethe geriet schnell in die Rolle des allzu vertrauten Hausfreundes der jungen Ehefrau, was Brentano offenbar nicht gerne sah. In abgewandelter Form drohte sich die Wetzlarer Konstellation zu wiederholen. Die Niederschrift des *Werther* ist infolgedessen wohl auch als erfolgreicher Versuch Goethes zu betrachten, sich innerlich aus einer solchen neuerlichen Verstrickung zu befreien.

Goethes Situation in Frankfurt hat zu der Vermutung geführt, dass nur das erste Buch des *Werther* sich ganz auf die Erlebnisse in Wetzlar stützt, während das zweite Buch, die Fortsetzung der Liebesgeschichte nach Werthers Rückkehr, vorwiegend auf Frankfurter Eindrücke zurückgehen soll. Auch hier ist der Versuch sicher nicht sinnvoll, die Einflussbereiche genau auseinander zu halten. Das zeigt sich schon daran, dass die schwarzen Augen Lottes im Roman unzweifelhaft nicht auf Charlotte Buff, sondern auf Maximiliane Brentano zurückgehen; Werthers Lotte wechselt aber natürlich nicht zwischen dem ersten und dem zweiten Buch die Augenfarbe.

Kurz nach Beendigung der Niederschrift erreichte Goethe eine Anfrage des Leipziger Verlegers Weygand nach einem neuen Werk für die Frühjahrsbuchmesse. Goethe konnte jedoch erst Mitte Juni eine Abschrift des Romans an Weygand schicken. So **kam** das Buch in zwei Teilen **zur Herbstmesse heraus**. Von den Briefzeugnissen, in denen Goethe Freunde und Bekannte über die Fertigstellung des neuen Werks informierte, ist der Brief an den Schweizer Freund Johann Caspar Lavater besonders interessant, weil er auf die Rolle Jerusalems sowie seiner selbst als Vorbilder für die Figur des Werther hindeutet:

> *Du wirst großen Teil nehmen an den Leiden des lieben Jungen den ich darstelle. Wir gingen neben einander, an die sechs Jahre ohne uns zu nähern. Und nun hab ich seiner Geschichte meine Empfindungen geliehen und so machts ein wunderbaares Ganze.* (26. April 1774; WA, Band 95, Brief 216, S. 156)

Das Echo auf das Erscheinen des Romans war unerwartet und überwältigend. Es zeigte, dass Goethe in seinem Buch nicht nur eine mitreißende Liebesgeschichte erzählt, sondern damit noch tiefer gehend den **Nerv der jungen Leute seiner Generation getroffen** hatte. Binnen weniger Jahre grassierte in Europa ein regelrechtes *Werther*-Fieber. Zahlreiche junge Menschen, die die Empfindung hatten, auf ähnliche Weise wie Werther mit der Welt verfallen zu sein, gingen in ihrer Identifizierung mit dem Romanhelden so weit, dass sie sich „gestiefelt, im blauen Frack mit gelber Weste“ wie Werther (eigentlich wie Jerusalem) erschossen. Unter dem Eindruck solcher Meldungen ließ Goethe in einer Neuauflage aus dem Jahre 1775 vor beide Teile des Romans je einen Vierzeiler setzen. Der zweite Vierzeiler lautet:

Du beweinst, du liebst ihn, liebe Seele, / Rettest sein Gedächtnis von der Schmach; / Sieh, dir winkt sein Geist aus seiner Höhle; / Sei ein Mann und folge mir nicht nach. (HA, Band 6, S. 532)

1781, als er schon sechs Jahre in Weimar lebte, machte Goethe sich daran, seinen Roman für eine geplante Gesamtausgabe seiner Werke zu überarbeiten. Da er kein Exemplar der bei Weygand erschienenen Ausgabe mehr hatte, lieh er sich den Roman von Charlotte von Stein aus. Diese besaß jedoch ein Exemplar des unrechtmäßigen Nachdrucks, den der Berliner Verleger Himburg 1775 herausgebracht hatte. Solche Raubdrucke, bei denen die Autoren um ihr Honorar gebracht wurden, waren zu dieser Zeit noch gang und gäbe. Erst Goethe selbst hat es in späteren Jahren vermocht, Bestimmungen durchzusetzen, die das Urheberrecht stärkten.

Die Ausgabe von Himburg war nachlässig gesetzt und enthielt infolgedessen viele Fehler und willkürliche Änderungen des Wortlauts. Auch war sie teilweise dem Berliner Sprachgebrauch angepasst worden. Goethe, der sein Buch natürlich nicht mehr wörtlich im Kopf hatte, ließ das Exemplar von Frau von Stein von einem Schreiber ganz abschreiben und trug in diese Handschrift seine Änderungen und Ergänzungen ein. So gingen viele Fehler des Raubdrucks in die **zweite Fassung** des *Werther* ein, die **1787** im ersten Band von *Goethe's Schriften* im Verlag von Göschen in Leipzig erschien.

Diese Entstehungsgeschichte der zweiten Fassung des *Werther*, die maßgeblich für alle folgenden Drucke zu Goethes Lebzeiten wurde, bereitet allen Germanisten, die den *Werther* seit Goethes Tod neu herausgegeben haben, einige Verlegenheit. Hat Goethe, indem er die meisten Fehler übernahm (manches wurde von ihm korrigiert, manches auch von Herder), diese **willkürlichen Abweichungen von seinem Original** autorisiert, also für in seinem Sinne erklärt? Soll man davon ausgehen, dass er die von ihm nicht zurückkorrigierten Fehler des Raubdrucks einfach übersehen hatte, dass sie aber keineswegs seiner Absicht als Autor entsprachen und von daher nachträglich berichtigt werden sollten? Soll man sich auf den Standpunkt stellen, dass es auf diese kleinen Abweichungen wohl nicht ankommt, wenn schon Goethe sie nicht bemerkt oder sich zumindest nicht an ihnen gestört hat? Dass dieser dritte Weg für Goetheforscher von vornherein nicht akzeptabel ist, kann man sich denken. Doch damit ist das Problem nicht gelöst.

Allerdings beschränken sich die Unterschiede zwischen der ersten und der zweiten Fassung des Romans bei weitem nicht auf diese letztlich doch recht geringfügigen Abweichungen. Vielmehr hat Goethe den Roman in mancher Hinsicht **spürbar umgearbeitet**. Insgesamt ging es ihm darum, den Leser durch diskrete Signale zu einer kritischeren Sicht auf Werther zu veranlassen, ohne diesen direkt zu verurteilen, wodurch der Roman eine moralisierende Tendenz erhalten hätte, die ihm als Kunstwerk geschadet hätte. Durchgehend wurden der Lautstand, die Schreibung der Wörter und der Satzbau modernisiert, was dazu führt, dass der Roman in seiner zweiten Fassung heute viel leichter zu lesen ist als in der ersten. Einige heftige Ausfälle gegen den Adel wurden abgemildert. Im zweiten Teil hat Goethe den Text deutlich erweitert. Vor allem hat er die Geschichte des Bauernburschen hinzugefügt, die als eine von mehreren Parallelschicksalen zu Werther im Roman in kritischer Absicht darauf verweist, welche Konsequenzen eine eigensinnig verfolgte Leidenschaft haben kann. Wichtige Änderungen betreffen zudem die Figur des Albert, über die sich Kestner beim ersten Erscheinen des Buchs verständlicherweise geärgert hatte:

Euer Werther würde mir großes Vergnügen machen können, da er mich an manche interessante Scene und Begebenheit erinnern könnte. So aber, wie er da ist, hat er mich, in gewissem Betracht, schlecht erbauet. Ihr wißt, ich rede gern wie es mir ist. Ihr habt zwar in jede Person etwas Fremdes gewebt, oder mehrere in eine geschmolzen. Das ließ ich schon gelten. Aber wenn Ihr bey dem Verweben und Zusammenschmelzen euer Herz ein wenig mit rathen lassen; so würden die würcklichen Personen, von denen ihr Züge entlehnet, nicht dabey so prostituirt seyn.

Johann Christian Kestner (1741–1800)

Goethe anerkannte wohl die menschliche Berechtigung dieser etwas empfindlichen Reaktion und trug ihr bei der Bearbeitung des Romans Rechnung. Entsprechend wird Albert in der zweiten Fassung auf Kosten Werthers, aber auch auf Kosten Lottes aufgewertet, was letztlich dazu führt, dass ein gerechteres und auch dramaturgisch interessanteres Gleichgewicht zwischen den drei Hauptfiguren hergestellt ist. „Ich habe", schrieb Goethe am 2. Mai 1783 an Kestner nach Hannover, „in ruhigen Stunden meinen Werther wieder vorgenommen, und denke, ohne die Hand an das zu legen was so viel Sensation gemacht hat, ihn noch einige Stufen höher zu schrauben. Dabey war unter andern meine Intention Alberten so zu stellen, daß ihn wohl der leidenschaftliche Jüngling, aber doch der Leser nicht verkennt. Dies wird den gewünschten und besten Effekt thun. Ich hoffe Ihr werdet zufrieden seyn." (WA, Band 99, Brief 1727, S. 157)

In modernen Ausgaben des *Werther* sind die beiden Fassungen des Romans in der Regel auf Anhieb dadurch zu unterscheiden, dass die Erstfassung unter dem Titel *Die Leiden des jungen Werthers* gedruckt wird, die zweite Fassung hingegen unter dem nur geringfügig abweichenden Titel *Die Leiden des jungen Werther.* Die meisten Ausgaben des Romans, die zu Goethes Lebzeiten erschienen, enthielten im Titel das „s". Die von Goethe sorgfältig betreute Ausgabe zum 50-jährigen Jubiläum des Erstdrucks (1824 bei Weygand) verzichtete jedoch auf das „s" im Titel. Auch entspricht die Form ohne „s" dem vorwaltenden Sprachgebrauch des späten Goethe. Von daher wurde die Fassung von 1787 in der maßgeblichen *Weimarer Ausgabe* am Ende des 19. Jahrhunderts unter dem Titel *Die Leiden des jungen Werther* veröffentlicht. Spätere Ausgaben folgten dieser Entscheidung.

Dieser Interpretationshilfe liegt die zweite Fassung des Romans zugrunde.

Inhaltsangabe

Erstes Buch

Exposition (die Briefe vom Mai 1771)

Der Roman beginnt, nach einer kurzen Vorbemerkung des Herausgebers, mit einem Brief, den Werther am 4. Mai 1771 an seinen Freund Wilhelm richtet. Darin äußert er seine Erleichterung darüber, sich aus seinen früheren Verhältnissen gelöst zu haben und abgereist zu sein. An seinem neuen Aufenthaltsort wird er für seine Mutter eine Erbschaftsangelegenheit regeln. Vorläufig hat er noch keine weiteren Bekanntschaften gemacht, fühlt sich aber in der frühlingshaften Natur und einem Landschaftsgarten, den er für sich entdeckt hat, wohl und ist sich selbst genug.

Dieses Glücksgefühl dauert auch eine Woche später noch an (Brief vom 10. Mai). Werther geht ganz in der Natur auf und beklagt lediglich, dass er sich nicht imstande sieht, der Herrlichkeit, die ihn umgibt, einen künstlerischen Ausdruck zu verleihen.

Im folgenden Brief vom 12. Mai beschreibt Werther den Brunnen vor dem Ort, an dem die Mädchen Wasser holen. Er fühlt sich außerordentlich angezogen von diesem Bild eines in ruhigen, althergebrachten Bahnen geführten Daseins.

Seine Bücher soll Wilhelm ihm nicht nachschicken lassen. Werther erklärt, dass ihm sein übervolles Herz und seine Ausgabe des Homer völlig genügen (Brief vom 13. Mai).

Am 15. Mai teilt Werther mit, dass er bereits Bekanntschaft mit den einfachen Leuten des Ortes gemacht habe, die ihn lieben würden, besonders die Kinder. Das anfängliche Misstrauen dieser Menschen hat er schnell überwunden.

Auch Menschen seines Stands hat er kennen gelernt, die ihm aber nicht ganz zusagen, weil sie nach seinem Eindruck so wenig mit sich selbst anzufangen wissen. Voll Wehmut erinnert er sich an eine verstorbene Freundin seiner Jugend, die ihn ganz verstanden habe. Mit Geringschätzung urteilt er dagegen über die nur äußerliche Bildung, mit der ihm hier am Ort ein junger Mann zu imponieren versucht hat. Sympathisch ist ihm hingegen der fürstliche Amtmann, ein verwitweter Vater von neun Kindern (Brief vom 17. Mai).

Wohl unter dem Eindruck seiner jüngsten Bekanntschaften reflektiert Werther am 22. Mai über die Existenz der Menschen, die ganz für ihre kleinen Zwecke und Illusionen leben. Werther möchte lieber tot sein, als ein solches Leben zu führen.

Vor solchen deprimierenden Gedanken flüchtet sich Werther an einen etwas abseits von der Stadt gelegenen idyllischen Ort. Dort, in Wahlheim, gelingt es ihm, zu zeichnen und wiederum Freundschaften zu schließen (Briefe vom 26. und 27. Mai).

In Wahlheim lernt Werther auch einen Bauernburschen kennen, der sich ihm bald anvertraut und von seiner Liebe zu der Witwe berichtet, für die er arbeitet. Werther nimmt lebhaft Anteil und zeigt sich im Brief vom 30. Mai begeistert und gerührt von der Lauterkeit des einfachen Menschen.

Werther verliebt sich in Lotte (die Briefe vom 16. Juni bis zum 26. Juli)
Erst zweieinhalb Wochen später, am 16. Juni, folgt der nächste Brief. Inzwischen hat Werther Lotte kennen gelernt. Er wird zu einem Ball auf dem Lande eingeladen und verspricht, nicht nur seine Tänzerin, sondern auch deren Cousine in einer Kutsche an den Ort des Vergnügens zu bringen. Diese ist die älteste Tochter des Amtmanns, der in einiger Entfernung von der Stadt in einem fürstlichen Jagdhof wohnt. Als sie den Jagdhof erreichen, geht Werther ins Haus, wo Lotte, bereits ballfertig angezogen, gerade ihren jüngeren Geschwistern das Abendbrot schneidet. Werther ist hingerissen von der Szene und von Lottes Anblick. Auf der Fahrt sprechen sie über Bücher und Werther stellt fest,

dass Lotte seinen Geschmack teilt. Beim Ball weiß Werther es einzurichten, dass er vor allem mit Lotte tanzt, die eine leidenschaftliche Tänzerin ist. Eine Dame droht Lotte scherzhaft mit dem Finger und erinnert sie an Albert, von dem Werther bereits auf dem Weg zu Lotte erfahren hat. Albert ist deren Verlobter und für eine Weile verreist. Hatte Werther diese Information zuvor gleichmütig aufgenommen, so trifft ihn der neuerliche Hinweis darauf nun so stark, dass er die ganze Ordnung der Tanzpaare durcheinander bringt.

Ein heftiges Gewitter macht dem Tanzen ein Ende. Die Frauen ängstigen sich. Geistesgegenwärtig organisiert Lotte ein Gesellschaftsspiel, das die Ängstlichen auf andere Gedanken bringt. Dann geht das Gewitter in einen duftenden Sommerregen über. Lotte und Werther stehen gemeinsam am Fenster. Lotte spricht, statt vieler Worte, den Namen des Dichters Klopstock aus, in dessen Ode *Die Frühlingsfeier* ihre Empfindungen vollkommen ausgedrückt sind. Überwältigt von so viel Einklang mit seiner eigenen Gefühlswelt küsst Werther ihr unter Tränen die Hand.

Am 19. Juni schildert Werther die morgendliche Heimfahrt vom Ball. Die anderen Mitfahrenden schlafen, nur Lotte und Werther sind wach. Werther erhält die Erlaubnis, Lotte noch am selben Tag zu besuchen – und kommt seither, sooft er darf.

Der Wohnsitz des Amtmanns liegt nur eine halbe Stunde entfernt von Wahlheim, wo Werther sich nun noch lieber aufhält als in der ersten Zeit. Er teilt dort das einfache, patriarchalisch geprägte Leben der Leute, liest seinen Homer und fühlt, dass seine vormalige unbestimmt schweifende Sehnsucht ganz zur Ruhe gekommen ist (Brief vom 21. Juni).

Den jüngeren Kindern des Amtmanns ist Werther inzwischen ein übermütiger Spielkamerad geworden. Der Arzt, der den Amtmann besucht, betrachtet das mit sichtlicher Missbilligung und erzählt in der Stadt herum, Werther verderbe die ohnehin ungebärdigen Kinder nun völlig. Werther hält es hingegen für grundfalsch, dass sich die Erwachsenen den Kindern überlegen fühlen und sie nach ihren Vorstellungen abzurichten trachten (Brief vom 29. Juni).

Ende Juni besucht Werther mit Lotte den Pfarrer von St.. Dort lernt er auch dessen Tochter und deren Bräutigam kennen, welcher mit stillem Missmut zusieht, wie Werther gutgelaunt mit seiner Braut schäkert. Darüber verstimmt hält Werther eine Rede gegen die üble Laune, mit der man den Menschen, die einem am nächsten stünden, das Leben vergälle. Werther lässt sich so hinreißen, dass er den Tränen nahe die Runde verlassen muss. Auf dem Heimweg ermahnt Lotte ihn liebevoll, sich nicht alles so sehr zu Herzen zu nehmen. Werther deutet das als Zeichen ihrer Zuneigung (Brief vom 1. Juli).

Im Juli hält sich Lotte bei einer Bekannten in der Stadt auf, die im Sterben liegt. Werther sieht sie oft. Er bewundert alles an ihr: wie sie mit Kindern umgeht ebenso wie ihr Klavierspiel und ihren Gesang (Briefe vom 6. und 16. Juli). Er sucht in ihrem Blick den Beweis ihrer Liebe (Briefe vom 8. und 13. Juli) und begeistert sich an seiner eigenen Leidenschaft, die jedoch immer wieder in Niedergeschlagenheit umzuschlagen droht (Briefe vom 13., 16. und 19. Juli). Er neigt weiterhin dazu, sich über die stumpfe Bodenständigkeit und das bornierte Besitzstreben anderer Leute zu erregen (Briefe vom 10. und 11. Juli). Auch lässt er sich manch verliebte Torheit durchgehen. So schickt er an einem Tag, an dem er daran gehindert ist, Lotte zu sehen, seinen Diener zu ihr, um wenigstens den Abglanz von Lottes Gegenwart zu genießen (Brief vom 18. Juli).

Solche Exaltiertheiten scheinen Werthers Mutter und seinem Freund Wilhelm Sorge zu bereiten. Offenbar versuchen sie brieflich Einfluss zu nehmen und Werthers Existenz eine Richtung zu geben, worauf Werther in den Briefen vom 20. und 24. Juli reagiert: Den Vorschlag der Mutter, mit dem Gesandten nach *** zu gehen, lehnt er vorläufig ab, weil er sich nicht unterordnen mag und weil ihm jede Tätigkeit, zu der man nicht aus vollem Herzen steht, töricht erscheint. Die Malerei hat er aufgegeben, da er festgestellt hat, dass sein Talent dem inneren Reichtum seiner Empfindungen nicht gewachsen ist.

Vom 26. Juli ist ein kurzer Brief Werthers an Lotte überliefert, in dem er ihr kokett gesteht, ihre Briefe zu küssen. Am selben Tag bekennt Werther in einem Brief an Wilhelm, dass es ihm, ungeachtet aller Vorsätze, nicht gelingt, Lotte auch nur einen Tag lang nicht zu sehen.

Lotte, Albert und Werther
(die Briefe vom 30. Juli bis zum 10. September)

Am 30. Juli teilt Werther mit, dass Albert gekommen sei und dass er gehen werde. Doch gelingt es ihm nicht sich loszureißen.

Albert schildert Werther als einen ruhigen und verantwortungsvollen Menschen, den man achten müsse. Anfangs kann Werther es dennoch kaum ertragen, Albert und Lotte zusammen zu erleben. Er passt die Zeiten ab, in denen Albert zu tun hat, um zu Lotte zu gehen (Brief vom 30. Juli).

Wilhelm scheint Werther ermahnt zu haben, seiner aussichtslosen Leidenschaft Herr zu werden, denn im Brief vom 8. August gibt dieser dem Freund recht, ohne sich jedoch zu einem entscheidenden Entschluss durchringen zu können. In einer Nachschrift fügt er an, dass er sein Tagebuch durchgesehen habe und erstaunt sei, mit welchem Bewusstsein er sich in diese Situation gebracht und wie er zugleich wie ein Kind gehandelt habe.

In der Folgezeit versucht Werther, sich in dem neuen Dreiecksverhältnis einzurichten und die Freundschaftlichkeit Alberts anzuerkennen und zu erwidern; er verkennt jedoch nicht die Lächerlichkeit seiner Rolle (Brief vom 10. August).

Der lange Brief vom 12. August gibt ein Gespräch wieder, das Werther mit Albert über die Berechtigung des Selbstmords führt. Anlass ist eine Albernheit von Werther, der sich eine von

Alberts ungeladenen Pistolen an die Stirn setzt, worüber sich dieser heftig aufregt, zumal er Werther gerade davon erzählt hat, wie mit eben diesen Pistolen bereits einmal ein Unglück geschehen ist. Sie geraten ins Diskutieren. Alberts kategorische Ablehnung des Selbstmords erscheint Werther pharisäerhaft. Er argumentiert, es gebe Situationen, in denen ein Mensch gar nicht anders könne, als sich umzubringen. Werthers Beispiele überzeugen Albert jedoch nicht. Sie gehen auseinander, ohne dass einer den Standpunkt des anderen akzeptieren kann.

Als Spielkamerad von Lottes Geschwistern und Märchenerzähler hat sich Werther inzwischen nahezu unentbehrlich gemacht. Sie hängen an seinen Lippen und beanstanden jede willkürliche Abweichung in seinen Erzählungen (Brief vom 15. August).

Werther jedoch verliert mehr und mehr sein seelisches Gleichgewicht (Briefe vom 18., 21., 22., 28. und 30. August). Am 18. August schreibt er, dass ihm die frühere Glückseligkeit in der Natur ganz abhanden gekommen sei. Sie erscheint ihm nunmehr als Abgrund, als zerstörerisches Ungeheuer. Morgens weint er, wenn ihm schwere Träume zuvor ein falsches Glück mit Lotte vorgegaukelt haben (Brief vom 21. August). Er fühlt sich zu nichts aufgelegt, beneidet Albert um seine regelmäßige Tätigkeit und fragt sich, ob er nicht doch um die Stelle bei der Gesandtschaft bitten soll (Brief vom 22. August). Zum Geburtstag erhält er liebevoll ausgesuchte Geschenke von Lotte und Albert. Er ist von Dankbarkeit und Abschiedsstimmung erfüllt (Brief vom 28. August). Doch schon zwei Tage später berichtet er erneut von heftigen inneren Kämpfen. Lottes Mitgefühl mit seinem Zustand steigert nur seine Qual, er flieht ins Freie und durchstreift die Natur, bis er erschöpft und zerschunden für eine Weile zur Ruhe kommt.

Am 3. September spricht Werther entschiedener als zuvor von der Notwendigkeit wegzugehen. Tatsächlich bricht er am 11. September auf. Zuvor verbringt er einen letzten Abend mit Lotte und Albert, an dem Lotte von ihrer verstorbenen Mutter erzählt, wovon er Wilhelm noch in der selben Nacht berichtet. Mit diesem Brief vom 10. September endet das erste Buch des Romans.

Zweites Buch
Werthers Versuch, ohne Lotte auszukommen
(die Briefe vom 20. Oktober 1771 bis zum 18. Juni 1772)

Werther hat die Stelle beim Gesandten angenommen und denkt im Brief vom 20. Oktober, mit dem das zweite Buch beginnt, über seine bisherigen Erfahrungen nach. Schwierigkeiten deuten sich bereits an, die nach Werthers Einschätzung ebenso in der Person des Gesandten wie in seiner eigenen Ungenügsamkeit begründet liegen. Doch vorläufig nimmt Werther sich vor, das Beste aus seiner Lage zu machen. Und tatsächlich äußert er sich fünf Wochen später recht zufrieden: Es gibt viel zu tun, er lernt viele Menschen kennen und hat vor allem die Bekanntschaft des Grafen C.. gemacht, der sich ihm gewogen zeigt und den er in seinem Brief vom 26. November sehr rühmt.

Wieder vier Wochen später, am Heiligen Abend des Jahres 1771, überwiegt jedoch schon wieder der Verdruss. Der Gesandte kritisiert an Werthers etwas genialischem Schreibstil herum, der ihm offenbar nicht kanzleigemäß genug ist. Tröstlich ist immerhin, dass auch der Graf von C.. die Beschränktheit des Gesandten wahrnimmt. Doch der Gesandte, der die Reserve Werthers wie des Grafen ihm gegenüber spürt, versäumt im Gespräch mit Werther kaum eine Gelegenheit, den Grafen herabzusetzen, woraufhin Werther heftig für den Grafen Partei ergreift. So entwickelt sich die amtliche Tätigkeit unerfreulich, Werther macht Wilhelm und seiner Mutter Vorwürfe und spricht von der „Galeere", an die er nun angeschmiedet sei.

Auch mit seinen gesellschaftlichen Kontakten ist Werther unzufrieden. Er empört sich über den Dünkel der meisten Adeligen. Andererseits hat er eine junge Adelige, Fräulein von B., kennen gelernt, die sehr natürlich sei und die ihm offen begegnet. Im kurzen Brief vom 8. Januar 1772 dauern die Klagen über gesellschaftliche Eitelkeiten fort.

Den Brief vom 20. Januar richtet Werther an Lotte. Werther hat sich vom seelenlosen Gesellschaftstreiben abgesondert und allein eine Wanderung unternommen, um wieder zu sich zu finden. Dabei überkommt ihn der Wunsch, sich bei Lotte zu melden. Er schreibt ihr vom Fräulein von B., das ihr ein wenig ähnlich sei und dem er von ihr erzähle. Am liebsten aber würde er zu Lotte und ihren Geschwistern zurückkehren.

In den Briefen vom 8. und 17. Februar verstärken sich die Klagen über die Menschen, die sich gegenseitig – nicht einmal aus böser Absicht – das Leben schwer machen, und speziell über den Gesandten, mit dem Werther es nicht mehr lange glaubt aushalten zu können. Der Gesandte hat sich über ihn beschwert, der Minister hat Werther daraufhin einen Verweis erteilt, ihn aber zugleich in einem Privatbrief väterlich ermahnt, seine Empfindlichkeit und Überspanntheit aufzugeben. Werther beschließt auf diesen hochherzigen Brief hin, entgegen seinem ersten Impuls noch weiter auf seiner Stelle auszuharren.

Am 20. Februar schreibt Werther an Albert und Lotte auf die Nachricht von ihrer Hochzeit hin, deren Termin sie ihm verschwiegen haben. Werther, der sich vorgenommen hatte, am Tag von Lottes Heirat deren Schattenriss von der Wand zu nehmen, lässt ihn nun hängen und bekräftigt seinen Anspruch auf den zweiten Platz in Lottes Herz.

In die Mitte des März fällt ein Vorfall, der Werther tief trifft. Er speist beim Grafen, versäumt, sich als Bürgerlicher rechtzeitig zurückzuziehen, als sich im Anschluss der Adel zu einer exklusiven Gesellschaft zu versammeln beginnt, fühlt, wie man ihn isoliert, und verabschiedet sich, nachdem der Graf auf ihn zugetreten ist, scheinbar gerade noch rechtzeitig. Jedoch spricht sich herum, er sei vom Grafen aus der Gesellschaft gewiesen worden, und Werther ist außer sich, dass diejenigen, die ihm ohnehin übel wollen, nun triumphieren (Brief vom 15. März). Zu allem Überdruss beichtet ihm Fräulein von B. am nächsten Tag auf der Promenade, dass ihre Tante ihr heftige Vorwürfe wegen ihres Umgangs mit Werther gemacht hat (Brief vom 16. März). Beide Briefe gipfeln in der Wunschvorstellung, sich ein Messer ins Herz zu bohren, um dieser Welt zu entkommen.

Am 24. März teilt Werther Wilhelm mit, dass er um seine Entlassung vom Hof nachgesucht habe. Er wird die Einladung eines neuen Bekannten, des Fürsten**, annehmen, den Frühling ohne weitere Verpflichtungen auf dessen Gütern zuzubringen.

Erst am 19. April erhält Werther die Bestätigung, dass sein Abschiedsgesuch akzeptiert wird. Der Minister und der Erbprinz äußern in persönlichen Briefen ihr Bedauern, der Erbprinz schenkt Werther zum Abschied darüber hinaus Geld.

Am 5. Mai kündigt Werther für den kommenden Tag seine Abreise an sowie sein Vorhaben, auf dem Weg zu den Gütern des Fürsten** seinen Geburtsort zu besuchen, aus dem die Mutter mit ihm nach dem Tod seines Vaters fortgezogen ist. Im Brief vom 9. Mai gibt er einen wehmütigen Bericht von diesem Abstecher zu den Stätten seiner Kindheit.

Im selben Brief meldet er seine Ankunft auf dem fürstlichen Jagdschloss. Der Fürst scheint ihm hier von wunderlichen Menschen umgeben und auch den Fürsten selbst beginnt er in dieser Umgebung mit anderen Augen zu sehen.

Nach einem Monat hat sich Werther davon überzeugt, dass der Fürst ein Mensch ist, der sich ausschließlich von seinem – recht gewöhnlichen – Verstand leiten lässt. Das selbstständige künstlerische Urteilsvermögen und die für Werther so wichtige tiefe Empfindung fehlen ihm. Werther beschließt, erneut abzureisen (Brief vom 11. Juni). Zuvor hat er sich vom Fürsten, der zugleich ein hochrangiger Soldat ist, seine Idee ausreden lassen, in den Krieg zu ziehen (Brief vom 25. Mai).

In den kurzen Briefen vom 16. und 18. Juni verteidigt Werther seine unstete Existenz und gesteht ein, dass er wieder in Lottes Nähe sein möchte. Diesem Wunsch seines Herzens folgt er, obgleich er dessen Unklugheit erkennt, lächelnd und nachgiebig gegen sich selbst.

Wieder bei Lotte (die Briefe vom 29. Juli bis zum 6. Dezember 1772)
Nach dem ersten Überschwang der Wiedersehensfreude zeigt sich bald, dass Werther zwar von Lotte nicht mehr loszukommen glaubt, dass er in ihrer Nähe jedoch ähnlich elend ist wie zuvor (Briefe vom 21. August, 4. September, 27. Oktober, 3. und 26. November). Immer stärker macht sich sein Wunsch geltend, Lotte selbst zu besitzen (Briefe vom 29. Juli, 21. August, 3. September, 10., 19. und 30. Oktober, 22. November), immer kompromittierender für Lotte fällt er aus der Rolle des Hausfreundes (Briefe vom 5. September, 8. November). Zwischendurch fühlt sich Werther immer wieder durch ihr Verhalten ermutigt; ob mit Grund, ist schwer zu beurteilen (Briefe vom 12. September, 21. und 24. November).

Zur verzweifelten Verfassung Werthers trägt zudem bei, dass vieles von dem, woran er beim ersten Aufenthalt in der Gegend sein Herz gehängt hat, nun zerstört und entzaubert erscheint: Hans, der kleinere der beiden Söhne der jungen Frau aus Wahlheim, mit der er sich angefreundet hatte, ist gestorben (Brief vom 4. August). Der Bauernbursche, dessen Liebe zu seiner Dienstherrin Werther so gerührt hatte, ist von der Frau zurückgewiesen worden, hat daraufhin, besinnungslos vor Begehren, erfolglos versucht, sie zu vergewaltigen, ist aus dem Haus gejagt worden und nun als sittenloser Mensch verschrien, während seine ehemalige Herrin sich anschickt, ihren nächsten Knecht, seinen Nachfolger, zu heiraten (Brief vom 4. September). Die Nussbäume im Pfarrhof zu St.. sind auf Betreiben der Frau des neuen Pfarrers – der alte ist gestorben – gefällt worden (Brief vom 15. September). Hatte sich Lotte seinerzeit als aufopferungsvolle Pflegerin einer todkranken Freundin gezeigt, so äußert sie sich jetzt im Gespräch mit Freundinnen, das Werther zufällig mithört, recht gleichgültig über schwerkranke Menschen aus ihrem Bekanntenkreis (Brief vom 26. Oktober). Werthers liebevolle Begeisterung für die Natur ist in Schaudern übergegangen und er erkennt, dass nicht die Natur sich verändert hat, sondern er selbst (Brief vom 3. November). Selbst den alten blauen Frack, der ihm so viel bedeutet, weil er ihn anhatte, als er Lotte kennen lernte, sowie die gelbe Weste und die gelben Hosen muss er nun ablegen, weil sie mittlerweile zerschlissen sind. Er lässt sich genau die gleichen Kleider neu machen, glaubt jedoch zu fühlen, dass sich die alten nicht ersetzen lassen (Brief vom 6. September).

In einer solchen Stimmung kann Werther auch mit dem einst von ihm so geliebten Homer, in dessen Epen er eine patriarchalische Welt vorfand, in welcher der Mensch mit sich und der Natur im Einklang lebt, nichts mehr anfangen. Er greift zu den Gesängen des Ossian, deren tragisch zerrissene, einsame, dem Untergang geweihte und von düsterer Natur umgebene Helden seiner gegenwärtigen Seelenlage entsprechen (Brief vom 12. Oktober). Wilhelms Rat, in der Religion sein Heil zu suchen, weist Werther von sich (Brief vom 15. November).

Am 30. November berichtet Werther von der Begegnung mit einem Wahnsinnigen, der zwischen den Felsen vergeblich einen Strauß Blumen für seine Angebetete zu pflücken versucht. Von der Mutter des Mannes erfährt Werther, dass ihr Sohn zwei Jahre zuvor noch ganz gesund und ein stiller und guter Mensch gewesen, dann aber erkrankt und zunächst ein Jahr lang als Rasender im Tollhaus angekettet gewesen sei. Nun hänge er seit einem halben Jahr friedlich seinen Wahnideen nach. Werther identifiziert sich mit dem Armen und ist besonders darüber erschüttert, dass dieser sich an die Zeit im Tollhaus, in der er völlig besinnungslos war, als an seine glücklichste Zeit erinnert. Werther hadert mit den Menschen und mit Gott, die ein solches Schicksal zulassen. Kurz darauf erfährt er von Albert, dass der glückliche Unglückliche, wie er ihn nennt, Schreiber bei Lottes Vater gewesen war, sich in Lotte verliebt hatte und deswegen aus ihrer Nähe entfernt worden war, woraufhin er den Verstand verloren hat (Brief vom 1. Dezember).

Am 4. Dezember fühlt sich Werther durch Lottes Klavierspiel so schmerzlich an glücklichere, hoffnungsvollere Tage mit ihr erinnert, dass er sie heftig bittet aufzuhören. Sie beschwört ihn, sich zu beruhigen und schickt ihn fort (Brief vom 4. Dezember). Zwei Tage später beklagt er, dass ihn der Gedanke an Lotte, an ihre Gestalt, Tag und Nacht verfolge. Da er keinen Ausweg mehr weiß, möchte er sich in diesem Rausch verlieren und nicht wieder daraus erwachen. Solche Anspielungen auf die Möglichkeit des Selbstmords finden sich in den meisten Briefen Werthers seit seiner Rückkehr zu Lotte.

Herausgeberbericht: Werthers letzte Lebenstage (7. bis 23. Dezember)
An dieser Stelle schaltet sich der anonyme Herausgeber des Buches ein, um die letzten Tage Werthers in einem zusammenhängenden Bericht zu schildern, der auf den übereinstimmenden Aussagen derjenigen Menschen beruht, die Werthers Ende aus der Nähe miterlebten. In seinen Bericht schaltet der Herausgeber die letzten überlieferten Briefe und Notizen Werthers ein.

Werther ist mittlerweile so verstört, dass er auch gegen seine Mitmenschen immer ungerechter wird. Besonders sein Verhältnis zu Albert verschlechtert sich. Albert verlässt nun oft den Raum, wenn Werther Lotte besucht. Ob er dies aus Unmut oder aus Schonung tut, bleibt offen.

Als Lotte eines Tages ihren erkrankten Vater im Amtshaus besucht, wandert Werther am andern Morgen hinaus, um sie abzuholen. Dort erfährt er, dass in Wahlheim ein Bauer erschlagen worden sei. Schnell stellt sich heraus, dass es sich bei dem Mörder um den von seiner Herrin abgewiesenen Bauernburschen handeln muss, dessen Schicksal Werther so berührt hat. Er eilt nach Wahlheim. Die Idylle des Ortes ist durch den Mord auf unheimliche Weise zerstört. Der Täter ist gefasst worden und wird herbeigeführt. Er zeigt, da er sich schon längst aufgegeben hat, keine Erregung und keine Reue. Umso erschütterter ist Werther, der zurück zu Lottes Vater eilt und diesen bedrängt, den Mörder zu schützen oder zumindest dessen Flucht zu begünstigen. Der Amtmann lehnt das ab und auch Albert, der zwischenzeitlich eingetroffen ist, wendet sich gegen Werthers Vorstellungen. Des Amtmanns abschließendes Wort, dass der Bauernbursche nicht zu retten sei, bezieht Werther auch auf sich, wie eine Notiz zeigt, die er nach der Rückkehr in seine Wohnung verfasst haben muss und die man nach seinem Tod unter seinen Papieren findet.

Auf ihrem Heimweg vom Jagdhaus tadelt Albert Lotte gegenüber Werthers Verhalten und bittet sie, diesen zu einem gemäßigteren Betragen ihr gegenüber zu veranlassen und ihm nicht so viele Besuche zu gestatten, weil die Leute darüber zu sprechen beginnen. Lotte schweigt, woraufhin Albert ein für alle Mal vermeidet, mit ihr über Werther zu reden.

Nach dem missglückten Versuch, den Bauernburschen zu retten, verzichtet Werther endgültig darauf, irgendeine Initiative zu ergreifen, die sich nicht unmittelbar auf seine Leidenschaft für Lotte bezieht. Er bilanziert sein Leben und sieht sich in jeder Hinsicht gescheitert und von allen Seiten zurückgestoßen. Zwei Briefe vom 12. und 14. Dezember vermitteln ein Bild von seiner Hoffnungslosigkeit. Im ersten schildert er, wie der Fluss Wahlheim und das von ihm so liebgewonnene Tal überschwemmt. Am Abend verbreitet sich die Nachricht und Werther läuft hinaus in die Nacht, um im Mondlicht das schreckliche Schauspiel mitzuerleben, das so sehr mit seinen eigenen Gefühlen übereinstimmt. Der zweite Brief bringt zum Ausdruck, dass Werthers Liebe zu Lotte längst nicht mehr unschuldig ist. In seinen Träumen bricht der Wunsch nach körperlicher Liebe durch. Werther gesteht, schon seit Tagen keine Kraft zur Besinnung mehr zu besitzen. Es wäre ihm besser, er ginge.

Diese Schlussbemerkung bezieht sich auf den Vorsatz, sich umzubringen, der sich immer stärker in ihm festigt. In einem Brief vom 20. Dezember an Wilhelm wiederholt er diese Worte. Dabei lässt er den Freund und die Mutter im Glauben, dass er vielleicht zu ihnen zurückkehre, wozu sie ihn gedrängt haben. Doch handelt es sich unverkennbar um einen Abschiedsbrief.

Am selben Abend, dem Sonntag vor Weihnachten, geht Werther zu Lotte. Sie ist allein. Sie sprechen vom Heiligen Abend und Lotte kündigt an, dass bei den Geschenken auch an Werther gedacht sein werde. Zugleich bittet sie ihn, sie davor nicht zu besuchen. Sie dringt in ihn, sich wieder auf sich selbst zu besinnen und von seiner Leidenschaft zu ihr abzulassen. Werther reagiert verletzt und sarkastisch. Albert kommt nach Hause, Verlegenheit macht sich breit, Werther versäumt es zu gehen, lehnt zuletzt aber Alberts Einladung ab, zum Abendessen zu bleiben. Zuhause weint er laut in seinem Zimmer, was sein Bedienter hört.

Am nächsten Morgen beginnt Werther seinen Abschiedsbrief an Lotte. Er teilt ihr mit, dass er in der fürchterlichen vergangenen Nacht beschlossen habe zu sterben. Am Vormittag erklärt Werther, verreisen zu wollen, ordnet seine Sachen, reitet dann hinaus zum Amtmann, spielt mit Lottes Geschwistern, schreibt nach seiner Rückkehr einen weiteren Absatz des Abschiedsbriefes an Lotte und geht am Abend zu ihr. Albert ist geschäftlich unterwegs und wird erst am nächsten Tag zurückkehren. Lotte hat gerade über Werther nachgedacht und erkannt, dass es auch ihr schwer fallen würde, ihren unglücklichen Liebhaber, diesen besonderen Menschen, zu entbehren. Als er unerwartet erscheint, klopft ihr das Herz. Sie wirft Werther vor, sein Wort nicht gehalten zu haben. Er entgegnet, er habe nichts versprochen. Die Situation ist gespannt. Lotte versucht, zwei Freundinnen hinzuzubitten, die sich aber entschuldigen lassen. Lotte verfällt daraufhin auf die Idee, Werther aufzufordern, ihr aus seiner Übersetzung aus den Gesängen Ossians vorzulesen, die er ihr früher gebracht hatte. Werther erfüllt ihre Bitte und liest.

Gegen Ende der Vorlesung beginnt Lotte vor Erregung zu weinen. Werther fasst ihre Hand und weint ebenfalls. Sie bittet ihn weiterzulesen. Er liest noch ein paar Zeilen, wirft sich dann vor ihr nieder, nimmt ihre Hände und bedeckt mit ihnen seine Augen. Sie neigt sich zu ihm, er umarmt und küsst sie, sie ruft ihn zur Ordnung, er lässt von ihr ab, sie springt auf, versichert, dass er sie nicht wiedersehen werde, und eilt ins Nebenzimmer. Werther bleibt verzweifelt vor dem Sofa sitzen, bis nach einer halben Stunde das Mädchen hereinkommt, das den Tisch decken will. Da erst rafft Werther sich auf, versucht an der Tür zum Nebenzimmer vergeblich, noch ein Wort des Abschieds von Lotte zu erhalten, und verlässt schließlich ihr Haus.

In Regen und Schnee irrt Werther durch die nächtliche Landschaft vor der Stadt, bevor er spät am Abend heimkehrt. Er schläft lange. Am nächsten Morgen schreibt er weiter an seinem Abschiedsbrief an Lotte. In fieberhaftem Ton erzählt er vom Sterben, von seiner Überzeugung, dass Lotte ihn wirklich liebe und von nun an ihm gehöre, und von der Aussicht, sie im Himmel wiederzusehen. Gegen elf Uhr schickt er seinen Bedienten mit einem Zettel zu Albert, in dem er diesen bittet, ihm für eine bevorstehende Reise seine Pistolen zu leihen.

Albert ist am Morgen von seiner Dienstreise zurückgekehrt. Lotte hat sich die ganze Nacht mit der Frage gequält, ob und wie viel sie ihrem Mann vom Besuch Werthers bei ihr erzählen soll. Sie fürchtet, Werther werde sich umbringen. Aber sie sieht keinen Weg, Albert von ihrer Sorge zu unterrichten und ihn zum Eingreifen zu bewegen. Albert und Lotte haben sich angewöhnt, nicht mehr über Werther zu sprechen. Auch hat Albert mehr als einmal durchblicken lassen, dass Werther seiner Meinung nach nicht der Mann ist, seine wiederholt erklärte Absicht, freiwillig aus dem Leben zu scheiden, in die Tat umzusetzen.

Als Albert seine Frau begrüßt und sich erkundigt, ob etwas vorgefallen ist, erzählt sie ihm, dass Werther da gewesen sei. Daraufhin geht er in einen Nebenraum, um die Post durchzusehen. Lotte folgt ihm, traut sich aber nicht weiterzureden. Der Bediente Werthers erscheint, Albert liest den Zettel und weist seine Frau an, dem Bedienten die Pistolen zu geben. Zitternd tut sie es. Wieder mit ihrem Mann allein, ringt sie weiter mit sich. Sie fühlt sich hoffnungslos. Eine Freundin kommt vorbei und bleibt zum Abendessen. Lotte gelingt es, ihre Angst zu verdrängen.

Entzückt nimmt Werther die Mitteilung seines Bedienten auf, dass er die Waffe aus Lottes Händen empfangen hat. Nach dem Abendessen lässt er packen, bringt seine Papiere in Ordnung, begleicht kleine Schulden und besucht noch ein letztes Mal den ihm so liebgewordenen Garten vor der Stadt. Wilhelm und seiner Mutter schreibt er einen letzten Gruß. Auch Albert schreibt er einen Zettel, in dem er ihn um Verzeihung darum bittet, dass er seinen ehelichen Frieden gestört hat. Zwischen elf und zwölf Uhr nachts beendet er den Abschiedsbrief an Lotte. Er bittet darum, in seinen Kleidern und mit der Schleife von Lottes Kleid, die er zum Geburtstag erhalten hat, begraben zu werden. Um Mitternacht erschießt er sich.

Da die Schlafräume der anderen Hausbewohner weit entfernt liegen, wird Werther erst um sechs Uhr morgens von seinem Bedienten gefunden. Er liegt gelähmt am Boden, durch das Ausschussloch ist das Gehirn herausgetrieben. Doch er lebt noch. Ärzte werden geholt, Albert, Lotte und auch der Amtmann benachrichtigt. Lotte ist bis ins Mark getroffen, man fürchtet für ihr Leben. Erst mittags, zwölf Stunden nach der Tat, stirbt Werther, die Brüder Lottes um sich. Um elf Uhr nachts wird er, ohne kirchlichen Segen, begraben. Nur der Amtmann und seine Söhne folgen dem Sarg, der von Handwerkern getragen wird.

Textanalyse und Interpretation

1 „Werther" als Briefroman: Gattung und Erzählperspektive

Vor *Die Leiden des jungen Werther* hatte Goethe noch keinen Roman geschrieben. Einen Roman zu schreiben, war überhaupt zur Entstehungszeit des *Werther* für einen ambitionierten Autor, der es ernst mit der Kunst meinte, eine ungewöhnliche Entscheidung. Wer hohe Kunst im Sinn hatte, schrieb Dramen.

Die Leiden
des
jungen Werthers.

Erster Theil.

Leipzig,
in der Weygandschen Buchhandlung.
1774.

Titelblatt der ersten Ausgabe des *Werther*-Romans 1774

Das **Aufkommen des Romans** im modernen Sinn hat viel mit dem Aufkommen des **Bürgertums** zu tun. Entsprechend entwickelte sich der Roman der Moderne zunächst in **England**, wo das Bürgertum des modernen Zeitalters aufgrund der Bürgerlichen Revolution von 1688 schneller Fuß fasste als anderswo. Im Roman ließ sich die Gesellschaft in ihrer Breite, ließen sich die Chancen und Konflikte des Einzelnen in und mit dieser Gesellschaft besser schildern, als das in anderen Gattungen möglich war. Den Roman als Spiegelbild der Gesellschaft, als unterhaltende, aber zugleich **anspruchsvolle Kunstform** hatten in England Daniel Defoe (1659–1731), Henry Fielding (1707–1754), Samuel Richardson (1689–1761) und Laurence Sterne (1713–1768) gewissermaßen aus dem Nichts auf ein bemerkenswertes kompositorisches und gesellschaftsanalytisches Niveau gehoben. Diese anspruchsvollen Romane waren in ganz Europa bekannt. Neben ihnen gab es jedoch eine ständig zunehmende Fülle von recht minderwertigen **Unterhaltungsromanen**, die den Lesehunger des immer größer werdenden Lesepublikums stillten – die Schulbildung nahm zu, die immer noch hohe Analphabetismusrate sank und insbesondere die Frauen des Bürgertums gewannen Muße, weil sie im Zuge des Übergangs zur bürgerlichen Kleinfamilie viele Funktionen im Hause einbüßten. Das Übergewicht dieser Unterhaltungsromane führte dazu, dass die ernsthaften Anhänger der Kunst auf den Roman als literarische Gattung recht hochnäsig herabsahen. Es ist kein Zufall, dass der *Werther* der bei weitem wichtigste deutsche Roman der Epoche ist. Goethes Dichterkollegen des Sturm und Drang schrieben Dramen, die Romane der Empfindsamkeit blieben künstlerisch weit hinter dem *Werther* zurück und sind zumindest aus heutiger Perspektive außerordentlich sentimental und langweilig.

Goethe indessen hatte begriffen, dass der **psychologisch-empfindsame Roman** – beispielhaft für diese Romanform stehen Richardsons *Clarissa Harlowe* (1748), Sternes *Sentimental Journey* (Empfindsame Reise, 1768) und Jean-Jacques Rousseaus (1712–1778) *Nouvelle Heloise* (1761–1764) – gegenüber den anderen Gattungen die besseren Möglichkeiten bot, komplizierte Gefühlszustände genau und eindringlich darzustellen. Diese Einsicht verdankte er nicht zuletzt den Anregungen Herders, der ihn in Straßburg beispielsweise mit dem empfindsamen Roman *The Vicar of Wakefield* (Der Landpriester von Wakefield, 1766) des Engländers Oliver Goldsmith (1728–1774) bekannt gemacht hatte, worüber Goethe im zehnten Buch von *Dichtung und Wahrheit* ausführlich berichtet (HA, Band 9, S. 426–429). Dieser Roman taucht auch im *Werther* an entscheidender Stelle auf: Als sich Werther und Lotte am Tag ihrer ersten Begegnung während der Fahrt zum Ball über Literatur unterhalten, spricht

Lotte „mit solcher Wahrheit“ über den „Landpriester von Wakefield“, dass Werther ganz außer sich gerät und ihr alles sagt, was er dazu auf dem Herzen hat (Brief vom 16. Juni 1771). Die gemeinsame Vorliebe für den empfindsamen Roman des Engländers wirkt als Erkennungsmerkmal einer Seelenverwandtschaft, um die es dem empfindsamen Menschen zu tun ist.

Goethe schrieb jedoch nicht nur einen Roman, sondern gleich einen **Briefroman**. Briefromane galten in besonderer Weise als Antikunst, obwohl mit Richardsons Romanen und der *Nouvelle Heloise* von Rousseau gleich mehrere berühmte Muster vorlagen. Der aus Genf stammende französische Philosoph und Schriftsteller Rousseau, von dem Mitte des 18. Jahrhunderts die einflussreiche und auch im *Werther* aufgenommene Parole „Zurück zur Natur!“ ausging (obwohl sich diese Formulierung nirgends in seinen Schriften findet), war einer der Leitsterne des jungen Goethe, wie Kestner in seiner Charakterzeichnung des Freundes betont hat (vgl. *Interpretationshilfe,* S. 14). Die Kennzeichnung des Briefromans als Antikunst ist angesichts solch berühmter Romane in Briefform auch gar nicht in erster Linie polemisch gemeint, sondern als neutrale Charakterisierung seiner formalen Eigenart. Der Briefroman berührt sich eng mit dem **Privatbrief**, der im 18. Jahrhundert, in der Epoche der Aufklärung und der Empfindsamkeit, eine bis dahin ungekannte und später nie wieder erreichte **Blütezeit** erlebte. Man schrieb unermüdlich und las Privatbriefe auch in geselligem Rahmen vor oder reichte sie weiter. Viele solcher Privatbriefe wurden von vornherein für einen größeren Adressatenkreis geschrieben und mit genauen Anweisungen versehen, wem sie mitzuteilen seien und wem nicht. Das zeigt, dass der Privatbrief, entgegen seiner Aura von Spontaneität und Unverstelltheit, auch unter Briefschreibern, die keine Schriftsteller waren, von einem gewissen Kalkül, das man auch als bewussten Kunstwillen bezeichnen kann, getragen war. Der Briefroman imitierte diese nicht ganz echte Unmittelbarkeit.

Sowohl das ausufernde Briefeschreiben wie auch die Konjunktur des Briefromans im 18. Jahrhundert sind auf die merkwürdige **Verbindung von Einsamkeit und Gesellschaftsbezug** zurückzuführen, die für die gebildeten Menschen jener Zeit eine vorherrschende und geschichtlich neue Erfahrung war. Anders als früher kam der Einzelne viel mehr in der Welt herum, geriet in einen vielfältigeren Bezug zum gesellschaftlichen Ganzen und lief dabei, herausgelöst aus den überschaubaren Bindungen seiner Vorfahren, ständig Gefahr zu vereinsamen. Das Netz von Briefen, das die Korrespondenten, die sich nicht mehr von Angesicht zu Angesicht sprachen, untereinander spannen, dient unverkennbar dem Bedürfnis, eine verloren gegangene **Intimität** zurückzugewinnen. Das lässt sich auch an der Existenz des jungen Goethe deutlich ablesen. Unentschlossen darüber, welche der Lebensmöglichkeiten, die ihm die Gesellschaft bietet, er realisieren soll, bei aller Bekanntschaft einsam und in sich zurückgezogen, ergreift er jede sich bietende Möglichkeit, neue intime Briefpartner und Briefpartnerinnen zu finden, denen gegenüber er sich ganz öffnen und sein Herz ausschütten kann.

Aus solchen Zusammenhängen heraus ist es nicht weiter erstaunlich, dass selbst die zahlreichen zeitgenössischen Briefsteller, also Anleitungen zum Schreiben gelungener Briefe, die Aussprache von „Herzensangelegenheiten und die freie Selbstmitteilung in individueller Sprache“ als die Hauptzwecke von Privatbriefen nannten (GM, S. 68).

Diese beiden Aspekte dominieren auch im *Werther*. Auch andere charakteristische Elemente des Briefromans der Aufklärung und Empfindsamkeit sind in den *Werther* eingeflossen: die Kompliziertheit der Liebesbeziehung, das göttliche Wirken in der Natur, die Kritik an der Gesellschaft und hier besonders am Adel.

In anderer Hinsicht jedoch unterscheidet sich der *Werther* als Briefroman grundsätzlich von den Vorgängern: Hatten sich diese im Bemühen, die Totalität des gesellschaftlichen Lebens einzufangen, zu wahren Ungetümen entwickelt – Richardsons Romane umfassen in der Regel weit über 1000 Seiten, die Romane von Johann Timotheus Hermes, einem weniger bedeutsamen Vertreter der Gattung, enthielten Briefe von einer Länge bis zu 150 Seiten –, so kommt der *Werther* mit einem **Gesamtumfang** aus, der unter dem Umfang eines einzigen solchen Riesenbriefes von Hermes bleibt. Waren in den anderen Romanen immer eine ganze Reihe von Briefschreibern beteiligt – was die interessante Möglichkeit bot, mehrperspektivisch zu erzählen, indem die gleichen Vorgänge aus der Sicht verschiedener Beteiligter oder auch aus zweiter oder dritter Hand mehrmals geschildert wurden –, so gibt es im *Werther* **nur einen Briefeschreiber**, Werther selbst. Dieser dehnt seine Subjektivität (im umgekehrten Verfahren gegenüber den bisherigen Briefromanen) so lange aus, bis eine ganze Welt in ihr Platz hat. Dass dies dennoch eine sehr begrenzte und einseitige Welt ist, ist klar, und gehört zu den eindringlichsten Erfahrungen, die der Leser bei der Lektüre von Goethes Roman macht. Und schließlich **vermeidet** Goethe im Gegensatz zu den früheren Briefromanen **jede moralisierende Tendenz**. Während Richardsons Romane geradezu als sittliche Lehrstücke angelegt sind und daher trotz des erstaunlichen psychologischen Feingefühls, das sich in ihnen äußert, wenig modern wirken, ist die Modernität von Goethes Roman vor allem auf diese Entscheidung zurückzuführen, sich jedes konventionellen Urteils über Werthers Persönlichkeit und seinen Selbstmord zu enthalten.

In *Dichtung und Wahrheit* hat sich Goethe auch dazu geäußert, warum er seinen Jugendroman in der Briefform und mit nur einem Briefschreiber verfasst hat:

> *Als daher jener Überdruß zu schildern war, mit welchem die Menschen, ohne durch Not gedrungen zu sein, das Leben empfinden, mußte der Verfasser sogleich darauf fallen, seine Gesinnung in Briefen darzustellen: denn jeder Unmut ist eine Geburt,*

> *ein Zögling der Einsamkeit; wer sich ihm ergibt, flieht allen Widerspruch [...] Der Lebensgenuß anderer ist ihm ein peinlicher Vorwurf, und so wird er durch das, was ihn aus sich selbst herauslocken sollte, in sein Innerstes zurückgewiesen. Mag er sich allenfalls darüber äußern, so wird es durch Briefe geschehn: denn einem schriftlichen Erguß, er sei fröhlich oder verdrießlich, setzt sich doch niemand unmittelbar entgegen; eine mit Gegengründen verfaßte Antwort aber gibt dem Einsamen Gelegenheit, sich in seinen Grillen zu befestigen, einen Anlaß, sich noch mehr zu verstocken. Jene in diesem Sinne geschriebenen Wertherischen Briefe haben nun wohl deshalb einen so mannigfaltigen Reiz, weil [...] sie [...] nur an einen Freund und Teilnehmer gerichtet erscheinen.* (HA, Band 9, S. 577 f.)

Zumindest im späten Rückblick auf sein Jugendwerk betont Goethe also Werthers Charakterzug, sich eigensinnig in seinem durch die äußeren Umstände gar nicht zwangsläufig gegebenen Unglücklichsein zu bestärken. Es ist eine alltägliche Erfahrung, dass für denjenigen, der sich ganz in sich zurückzieht, die geringfügigsten Anlässe (Einbildungen, Befürchtungen, Kränkungen) eine ganz unverhältnismäßige Bedeutung annehmen können. So legt es auch Werther gewissermaßen darauf an, zu leiden, weil er sich **im Leiden** am intensivsten selbst erlebt. Diese intensive **Empfindung seiner selbst** ist ihm so wichtig, dass er alle guten Ratschläge von außen – von seinen Angehörigen, von Lotte – abwehrt. Er nimmt sie letztlich gar nicht wahr (setzt sich mit ihnen nicht als mit einer ernsthaften Handlungsoption auseinander), und so ist es nur konsequent, dass auch der Leser, ganz in Werthers Perspektive versetzt, sie nicht zu Gesicht bekommt.

Die Position des einsamen Briefschreibers entspricht insofern in idealer Weise der inneren Haltung dessen, der sein Leid kultivieren möchte, ohne dass ihm dabei jemand hineinredet und die unnötig monströs gewordenen Dinge wieder zurechtrückt.

Ein Weiteres kommt hinzu: Durch das Fehlen der Gegenbriefe wird dem **Leser** geradezu die Vorstellung aufgedrängt, die Briefe Werthers seien an ihn gerichtet. Er wird auf diese Weise zum einen besonders eindringlich in die Perspektive Werthers hineingezogen und nimmt zum anderen die Position des Freundes ein, der Werthers Entwicklung mit Sorge verfolgt, der sie kritisch kommentiert und doch erkennt, dass er nicht eingreifen kann.

Wichtig ist zudem, dass im Briefroman die **Position des Erzählers** gewissermaßen **unbesetzt** bleibt. Jedenfalls bleibt er gut verborgen. Der Roman scheint gänzlich aus Dokumenten zu bestehen, die offenkundig nicht in der Absicht entstanden sind, Teil einer zusammenhängenden Erzählung zu sein. Bei genauerer Überlegung ist das natürlich nur eine Fiktion. Selbst wenn man die offenkundige Tatsache beiseite lässt, dass alle Briefe eines Briefromans selbstverständlich nicht von den darin auftretenden Briefschreibern, sondern vom Autor des Romans verfasst worden sind, steht hinter der Sammlung von Dokumenten, die dem Leser vorliegt, natürlich eine ordnende Hand, eine Person, die die Briefe zusammengetragen hat, manche vielleicht unterdrückt, andere vielleicht gekürzt und alle zusammen in einer Weise angeordnet hat, dass sie sich wechselseitig so beleuchten, wie es dem Erzähler am interessantesten vorkommt. Nichtsdestotrotz hat aber der Leser eines Briefromans in der Regel die unwillkürliche Empfindung, dass sich der Roman gleichsam selbst erzähle. Das trägt zu seiner **authentischen Wirkung** bei. Goethe hat im *Werther* diesen Schein der Authentizität noch dadurch verstärkt, dass er die Briefe konkret datiert hat. Der Leser sollte den Eindruck gewinnen, Dokumente eines wahren Schicksals zu lesen, das sich nur zwei Jahre zuvor tatsächlich so abgespielt hatte. Goethe erlaubte sich dabei zusätzliche Anspielungen auf sein eigenes Leben: Dass er wie Werther am 11. September von den Freunden geflohen war (jedoch 1772 und nicht 1771; der Roman ist um ein Jahr vordatiert, weil die Liebesgeschichte zwischen

Werther und Lotte sich über eineinhalb Jahre hinzieht und nicht, wie bei Goethe, über ein halbes Jahr), konnte nur einem engen Kreis von Bekannten auffallen. Dass Werther jedoch am gleichen Tag, dem 28. August, Geburtstag hat wie Goethe (und übrigens auch wie Kestner), ist schon eine recht offene Anspielung auf den Zusammenhang zwischen dem Autor und seiner Romanfigur.

Was den Erzähler angeht, so macht er sich im *Werther* stärker bemerkbar als in den meisten Briefromanen. Gleich zu Beginn tritt er, wenn auch ohne sich vorzustellen, durch eine Vorbemerkung als **Herausgeber** in Erscheinung, in der er kurz darauf hinweist, dass er „mit Fleiß gesammelt habe", was er „von der Geschichte des armen Werther nur habe auffinden können", und es den Lesern, die vertraulich „euch" genannt werden, hiermit vorlege. Diese Vorbemerkung soll die Leser demnach darüber beruhigen, dass der Herausgeber alle nur erreichbaren Dokumente aufgespürt habe und so treu wie möglich zugänglich mache. Der Erzähler tritt auf, um zu versichern, dass er nicht als Erzähler auftreten werde. Die stillschweigende Voraussetzung, die der Leser von Briefromanen macht (dass alles authentisch und unverändert ist), wird hier noch eigens bestätigt. Darüber hinaus wirbt der Herausgeber dafür, dass der Leser an dem Schicksal, das sich nun vor ihm entfaltet, Anteil nehmen möge.

Diese Vorbemerkung des Herausgebers gerät im weiteren Verlauf der Lektüre leicht in Vergessenheit, was ganz im Sinne der beabsichtigten Wirkung eines Briefromans ist. Man kann sich daher fragen, warum Goethe sie dem Roman überhaupt vorangestellt hat. Die Antwort ist einfach: Der Handlungsverlauf macht das Auftreten eines Herausgebers notwendig, sofern nicht das Prinzip aufgegeben werden soll, dass nur ein Briefschreiber, nämlich Werther, zu Wort kommt. Am Ende erschießt sich Werther, wovon er nicht mehr selbst berichten kann. Irgendjemand muss diesen Part übernehmen. Das ist der Herausgeber („Der Herausgeber an den Leser"). Er übernimmt schon ein wenig früher, erzähldramaturgisch von dem Moment an, an dem die Dinge sich für Werther in scheinbar auswegloser Weise zuzuspitzen beginnen, und berichtet über die letzten 17 Tage von dessen Leben. Das Auftreten des Herausgebers ist insofern auch ein Signal an den Leser, dass die Geschichte nun in ihre entscheidende Phase eintritt.

In seinem Bericht stützt sich der Herausgeber auf Zeugenaussagen und auf weitere schriftliche Dokumente Werthers. Er spekuliert und deutet auch ein wenig, versucht Werthers Stimmung zu ergründen und seine Gedanken zu lesen, notiert sogar einen inneren Monolog Werthers, hält sich aber insgesamt doch eher zurück. Vor allem verzichtet er auf eindeutige moralische Wertungen, was im Einklang mit seiner Bemerkung am Anfang des Romans steht, dass die Leser Werthers „Geist und seinem Charakter eure Bewunderung und Liebe, seinem Schicksal eure Tränen nicht versagen“ könnten. Vielmehr bemüht er sich eher mit diagnostischem Blick, eine Beschreibung von Werthers Zustand zu geben. Dass in dieser Beschreibung durchklingt, dass Werther selbst ein großer Teil der Verantwortung für seine Misere zukommt, nimmt ihr nichts von ihrer Vorurteilslosigkeit, denn diese Einschätzung trifft ja zu. So ist der Herausgeberbericht am Ende des Romans weit mehr als ein Notbehelf. Er erfüllt die Aufgabe, diejenigen Leser zu einer kritischeren Haltung gegenüber Werther zu veranlassen, die sich bis dahin uneingeschränkt mit diesem identifiziert haben. Übrigens übernimmt der Herausgeberbericht erst in der zweiten Fassung des Romans diese Funktion. In der ersten Fassung klingt keine Kritik an Werther durch. Manche Interpreten des *Werther* vertreten infolgedessen die Meinung, dass der Herausgeberbericht der zweiten Fassung nicht stimmig sei, weil er weder zu der zur Identifikation mit Werther auffordernden Vorrede noch zum Schluss des Romans, in dem der sterbende Werther vom Amtmann und dessen Söhnen beweint wird, passe. Die besondere

Leistung des Herausgeberberichts besteht aber gerade darin, dass er über Werthers eigenen Anteil an seinem traurigen Schicksal nicht schweigt und dass es ihm dennoch gelingt, die Anteilnahme des Lesers an der Hauptfigur aufrechtzuerhalten.

Der Herausgeber im Briefroman „Die Leiden des jungen Werther“

„Werther“ unterscheidet sich von früheren Briefromanen durch

- einen geringen Gesamtumfang
- Beschränkung auf einen Briefschreiber: Werther
- Verzicht auf moralisierende Tendenz
- Auftreten eines Herausgebers

Der Herausgeber im „Werther“

- bürgt für die Authentizität der von ihm mitgeteilten Dokumente
- schildert das Ende Werthers
- veranlasst den Leser, Anteil an Werthers Schicksal zu nehmen

Dabei stützt er sich auf

- Zeugenaussagen
- schriftliche Dokumente Werthers

Sein Bericht zeichnet sich aus durch

- Unvoreingenommenheit / Neutralität gegenüber Werther
- einen diagnostischen Blick, der Werthers Anteil an seinem Ende hervorhebt

2 „Werther" als Kunstwerk: Form

Zurecht gilt *Werther* nicht nur als genialisches, mitreißendes Jugendwerk, sondern als ein großes Kunstwerk. Dieser künstlerische Rang wird dem berühmten Buch gerne zugestanden, auch ohne tatsächlich zu zeigen, worin denn die **künstlerische Meisterschaft des Romans** besteht. Goethe selbst hat einer solchen Haltung gewissermaßen Vorschub geleistet, indem er betonte, dass er das Buch in wenigen Wochen, quasi traumwandlerisch, niedergeschrieben habe (vgl. *Interpretationshilfe,* S. 26 f.). Kann, so muss man sich fragen, ein so schnell entstandenes Werk denn künstlerisch genau kalkuliert und bewusst durchgearbeitet sein? Die Analyse des *Werther* ergibt, dass jedenfalls der junge Goethe das vermocht hat. Im Übrigen ist bereits darauf hingewiesen worden, dass Goethe seine Werke oft lange innerlich reifen ließ, bevor er sie niederschrieb (vgl. *Interpretationshilfe,* S. 26).

Um den **formalen Aufbau** eines Werkes zu verstehen, ist es oft nützlich, sich die **zeitliche Organisation der Geschichte** anzusehen. Sie verrät in der Regel viel über die Proportionen des Werkes, also das Verhältnis der einzelnen Teile zum Ganzen, über deren jeweilige Bedeutung für die Gesamthandlung und über andere Absichten des Autors. Eine solche Untersuchung ist für den *Werther* besonders ergiebig, wie Klaus Müller-Salget 1980 in einem Vortrag demonstriert hat. Der folgende Überblick hält sich im Wesentlichen an die von Müller-Salget präsentierten Ergebnisse.

Der kurze Roman ist in zwei Bücher unterteilt. Schon früh ist die offenkundige Absicht Goethes erkannt worden, durch diese **Zweiteiligkeit** zu betonen, wie sich Nebenhandlungen, die sich durch beide Bücher ziehen, **vom Positiven ins Negative** kehren und auf diese Weise sinnbildlich für Werthers Entwicklung stehen. Das gilt etwa für Werthers Freundschaft mit der jungen Frau und ihren kleinen Söhnen an seinem Zufluchtsort Wahlheim.

Garbenheim bei Wetzlar, das Vorbild für Werthers „Wahlheim" (Zeichnung Carl Stuhl)

Im zweiten Buch muss Werther erfahren, dass das jüngste Kind gestorben ist und dass ihr Mann von einer weiten Reise krank und erfolglos zurückgekehrt ist (vgl. die Briefe vom 26. und 27. Mai 1771 sowie vom 4. August 1772; übrigens gehen auch diese Romanfiguren auf eine wirkliche Bekanntschaft Goethes zurück; Kestner erwähnt in seinem Tagebuch am 12. September 1772 „des Dr. Goethe Freundin in Garbenheim, eine Frau, welche ziemlich gut aussieht, eine freundliche unschuldige Miene hat und gut, jedoch ganz ohne Kunst reden kann; sie hat drei Kinder, welchen Dr. Goethe oft etwas mitbrachte, daher sie ihn lieb hatten, die Frau sah ihn auch gern"). Die Nussbäume im Pfarrhof von St.., von denen Werther im Brief vom 1. Juli 1771 so begeistert berichtet, werden später gefällt, was Werther im September 1772 erfährt („Man möchte rasend werden, [...]"; Brief vom 15. September). Die erst in der zweiten Fassung des Romans eingefügte Geschichte des verliebten Bauernburschen, dessen

Schicksal Werther so sehr berührt (vgl. Brief vom 30. Mai 1771), nimmt ein schlimmes Ende. Als Werther ihn am 3. September 1772 wiedertrifft, ist der Bauernbursche entlassen und im Ort verfemt, nachdem er versucht hatte, seine Herrin, die seine Liebe nicht erwiderte, zu vergewaltigen (Brief vom 4. September). Im Dezember tötet der verschmähte Liebhaber seinen Nebenbuhler und verfällt daraufhin dem Gesetz. Und während das erste Buch mit einem nächtlichen Gespräch zwischen Lotte, Albert und Werther über Tod und Wiedersehen und Werthers Aufbruch am nächsten Morgen endet, schließt das zweite Buch mit Werthers Abschiedsbrief an Lotte, in dem er seine Hoffnung ausspricht, sie im Jenseits wiederzusehen, und seinem Selbstmord.

Diese Entsprechungen werden durch ihre bedeutungsvolle **Datierung innerhalb des Ablaufs der Jahreszeiten** kommentiert. Die Glücksmomente des ersten Buchs fallen in die Zeit des Frühlings und Frühsommers, die Berichte von den unglückseligen Wendungen, die diese Nebenhandlungen genommen haben, hingegen in den Herbst des darauffolgenden Jahres. Insgesamt sind die Briefe der Jahre 1771 und 1772 so auf die Monate verteilt, dass der Eindruck entstehen kann, Werthers Schicksal vollziehe sich innerhalb nur eines Jahres: 38 der 40 Briefe des ersten Buchs sind während der „hellen“ Monate Mai bis August geschrieben; erst im vorletzten Brief vom 3. September, an dessen Beginn der Entschluss zur Abreise steht („Ich muß fort!“), beginnt gewissermaßen der Herbst. Dagegen konzentrieren sich die Ereignisse und Briefe des Jahres 1772 auf die „dunklen“ Monate September bis Dezember: 27 der 45 Briefe dieses Jahres (und der abschließende Herausgeberbericht) fallen in diese Zeit, während die Monate Mai bis August nur mit neun Briefen vertreten sind. Auffällig ist auch, dass die im Jahr 1772 so entscheidenden letzten Kalendermonate im Jahr 1771 nahezu ausgespart bleiben. Nach der Abreise Werthers überliefert der Roman für das restliche knappe Drittel des Jahres 1771 nur noch drei Briefe.

Verteilung der Briefe Werthers auf die Jahre 1771 und 1772

	1771	1772
Januar		8., 20.
Februar		8., 17., 20.
März		15., 16., 24.
April		19.
Mai	4., 10., 12., 13., 15., 17., 22., 26., 27., 30.	5., 9., 25.
Juni	16., 19., 21., 29.	11., 16., 18.
Juli	1., 6., 8., 10., 11., 13., 16., 18., 19., 20., 24., 26., 26., 30.	29.
August	8., 8., 10., 12., 15., 18., 21., 22., 28., 30.	4., 21.
September	3., 10.	3., 4., 5., 6., 12., 15.
Oktober	20.	10., 12., 19., 26., 27., 27., 30.
November	26.	3., 8., 15., 21., 22., 24., 26., 30.
Dezember	24.	1., 4., 6., [Der Herausgeber an den Leser], 12., 14., 20. (+ Briefe ohne neues Datum)

Dass Goethe die Handlung des Romans trotz dieser offenkundigen **Parallelführung von Werthers Schicksal mit dem Ablauf der Jahreszeiten** nicht auf ein Jahr konzentriert hat, lässt sich auf doppelte Weise plausibel erklären: Zum einen benötigte er mehr erzählte Zeit, um Werther seine Erfahrungen mit dem diplomatischen Dienst und der adeligen Gesellschaft machen zu lassen; zum anderen bot sich so durch die zwei Mal durchlaufenen Monate Mai bis Dezember (der Roman beginnt mit einem Brief vom 4. Mai 1771 und endet mit Werthers Tod am 23. Dezember 1772) die Möglichkeit, deutlich zu machen, dass Werther nicht einfach das jahreszeitlich bedingte Erblühen und Absterben der Natur in sich aufsaugt und in pflanzlicher Passivität mitvollzieht, sondern dass er lediglich oft der Versuchung nachgibt, im Medium der Natur seine eigene Stimmungslage zu spiegeln.

Werthers Stimmung steuert seine Naturwahrnehmung, nicht umgekehrt. Das beweisen diejenigen Briefe aus den Jahren 1771 bzw. 1772, die auf dasselbe Datum datiert sind. Hier fallen erneut wohlkalkulierte Bezüge auf:

Am 21. August 1771 berichtet Werther von „schweren Träumen“ und seinem Vorgefühl „einer finstern Zukunft“. Im Brief vom 21. August 1772, der wiederum mit düsteren Träumen beginnt, zeigt sich, dass diese Vorahnung sich mittlerweile erfüllt hat: „Kein Wink der vorigen Welt, kein Pulsschlag meines damaligen Gefühls.“

Am 3. September 1771 hatte es Werther nach langem Zögern vermocht, sich von Lotte loszureißen und den Entschluss zur Abreise zu fassen. Genau ein Jahr später gesteht er unter demselben Datum, dass er Lotte ganz für sich haben möchte und in diesem Leben nicht mehr von ihr loskommen wird: „da ich [...] nichts anders kenne, noch weiß, noch habe als sie!“

Am eindrucksvollsten zeigt sich dieses Umkehrungsverhältnis am Brief vom 16. Juni 1772, den Goethe erst in die zweite Fassung des Romans eingefügt hat: Während der Brief vom 16. Juni 1771 der weitaus längste des ganzen Romans ist und den berühmten Bericht von Werthers erster Begegnung mit Lotte im Kreise ihrer Geschwister und von dem Ball enthält, auf dem sich die beiden so schnell näher kommen, ist der genau ein Jahr später geschriebene der kürzeste aller Briefe Werthers und zeugt von der Absonderung und Verzweiflung eines Menschen, der mit seinem Leben schon abgeschlossen hat: „Ja wohl bin ich nur ein Wandrer, ein Waller auf der Erde! Seid ihr denn mehr?“

Nicht genau auf den gleichen Tag datiert, aber doch beziehungsreich zusammengerückt sind die Briefe vom 30. Juli 1771 und 29. Juli 1772. Im ersten vermeldet Werther die Ankunft Alberts, die ihm fast das Herz zerreißt, auch wenn er sich bemüht, Alberts Vorzüge anzuerkennen, und auch wenn Albert sich ihm gegenüber takt- und verständnisvoll verhält. Im zweiten Brief (dem ersten, den Werther nach seiner eigenen Rückkehr zu Lotte schreibt), berichtet Werther wieder über seine Eifersucht und versteigt sich dabei zu der Behauptung, Lotte „wäre mit mir glücklicher geworden als mit ihm!“ Werther hat hier bereits die verstockte Haltung des unglücklichen Liebhabers angenommen, der nicht mehr nach einem Ausweg sucht, sondern sich selbstgerecht auf seinen Untergang zutreiben lässt.

Solche Umschwünge liegen allein auf der Linie von Werthers psychischer Entwicklung und überlagern seine Tendenz, in seinen Empfindungen mit der jahreszeitlich wechselnden Atmosphäre, die ihn umgibt, übereinzustimmen.

Aufschlussreich sind auch die Lücken in Werthers Geschichte: **längere Zeiträume, über die kein Brief Auskunft gibt**. Vor dem eben angesprochenen ersten Brief, den Werther nach seiner Rückkehr zu Lotte schreibt, klafft eine solche Lücke von beinahe sechs Wochen. In diesen sechs Wochen zwischen dem 18. Juni und dem 29. Juli hatte Werther im Jahr zuvor Lotte ganz für sich gehabt, bevor mit Albert der rechtmäßige Liebhaber Lottes zurückkehrte: „Albert ist angekommen, und ich werde gehen“ (Brief vom 30. Juli 1771). Das Glück dieser sechs Wochen spiegelt sich im ersten Buch des Romans in 16 Briefen.

Vier Wochen beträgt die Lücke zwischen den Briefen vom 26. November und 24. Dezember 1771. In diesen vier Wochen wird sich im darauffolgenden Jahr Werthers Schicksal vollenden. Der Brief vom 26. November 1771 ist in der Erstfassung des Romans auf den 10. November datiert. Goethe datierte ihn bei der Überarbeitung des Buches um und fügte zusätzlich einen kurzen Brief ein, in dem er Werther am 26. November 1772, also genau ein Jahr später, auf pathetische Weise sein Los beklagen lässt: „Manchmal sag’ ich mir: Dein Schicksal ist einzig; preise die übrigen glücklich – so ist noch keiner gequält worden. [...]“ Der Brief vom 26. November 1771 – der zweite Brief Werthers, nachdem er seine Tätigkeit bei der Gesandtschaft aufgenommen hat – hatte hingegen mit der hoffnungsvollen Nachricht begonnen: „Ich fange an, mich insofern ganz leidlich hier zu befinden.“ Die Einfügung des einen Briefs und die Umdatierung des anderen in der Zweitfassung des Romans machen deutlich, wie bewusst Goethe solche **Bezüge der Briefe untereinander** hergestellt hat.

Werther stirbt am 23. Dezember 1772. Auch dieses Datum ist natürlich mit Bedacht gewählt. Es rückt Werther in eine irritierende Nähe zu Christus, der der sündigen Menschheit das Heil bringt. Eine solche provozierende **Identifikation Werthers mit Jesus Christus** legen auch manche seiner Briefe nahe. Wie Jesus liebt Werther die Kinder. Dem Arzt, „der eine sehr dogmatische Drahtpuppe ist“, also in Werthers Augen eine Art Pharisäer, kommt Werthers Liebe zu den Kindern überzogen vor. Werther beruft sich daraufhin gegenüber Wilhelm auf „die goldenen Worte des Lehrers der Menschen: ‚Wenn ihr nicht werdet wie eines von diesen!‘“ (Brief vom 29. Juni 1771) Mit dem Lehrer der Menschen ist natürlich Jesus Christus gemeint, die zitierte Stelle stammt aus dem Matthäus-Evangelium (18,3). Auf die Erzählungen Jesu von der Ehebrecherin, dem barmherzigen Samariter, dem Zöllner und dem Pharisäer beruft sich Werther, als er im Streitgespräch mit Albert den Selbstmord verteidigt (Brief vom 12. August 1771). Aber Werther ist kein Heilsbringer: Er opfert sich für niemanden auf. Im Gegenteil bleibt er in narzisstischer Ichbezogenheit auf sein eigenes Leid fixiert. Entsprechend lässt sich sein Todesdatum ganz unterschiedlich ausdeuten: als Hinweis darauf, dass Werther unerlöst bleiben wird, weil er kurz vor der Geburt des Heilands stirbt, ebenso wie als Bestätigung seiner Hoffnung auf ein Wiedersehen mit Lotte im Jenseits. Auf diese Mehrdeutigkeit hat es Goethe hier wohl auch abgesehen.

Wichtiger noch als der Todestag erscheint der 21. Dezember, an dem Werther Lotte zum letzten Mal besucht, ihr dabei näher kommt als jemals zuvor und schließlich endgültig von ihr weggeschickt wird. Dieser 21. Dezember ist der kürzeste Tag des Jahres. Als Werther um „halb sieben“ zu Lotte geht, ist es längst Nacht geworden. Das unterstreicht, dass dieser letzte Besuch die Verzweiflungstat eines Getriebenen ist, der aus dem Dunkel nicht mehr herausfinden wird.

Kein Zufall ist es, dass sich auch dieser 21. Dezember vielsagend auf ein anderes Datum im *Werther* beziehen lässt: auf den 21. Juni des Vorjahres 1771. An diesem längsten Tag des Jahres schreibt Werther, ganz erfüllt von der neuen Bekanntschaft mit Lotte: „Ich lebe so glückliche Tage, wie sie Gott seinen Heiligen aufspart; und mit mir mag werden was will, so darf ich nicht sagen, daß ich die Freuden, die reinsten Freuden des Lebens nicht genossen habe.“ Diese emphatische Versicherung erschließt dem Leser Werthers augenblickliche Stimmungslage. Darin liegt ihre künstlerische Berechtigung an dieser Stelle. Sie erschöpft sich aber nicht in dieser Funktion, sondern ist – als Vorausdeutung auf Werthers weiteres Schicksal – zugleich Bestandteil eines Netzes von Bezügen, das zwischen den Briefen des Romans gespannt ist.

Diese Bezüge erkennt man bei der Lektüre des Romans nicht ohne weiteres. Sie treten erst bei einer systematischen Untersuchung des Buches hervor. Auf unauffällige Weise verhelfen sie dem Werk zu einer **künstlerischen Geschlossenheit**, die in frappierendem Gegensatz zum ersten Eindruck steht – der gewissermaßen in der Natur der Sache, des Briefromans liegt –, es mit einer Sammlung von Briefdokumenten zu tun zu haben, der alle Zufälligkeit des wirklichen Lebens anhaftet. Dieser Eindruck ist für den Effekt des Buches wichtig und von daher auch ein künstlerischer Zweck. Er wäre gefährdet, würde die Konstruiertheit des Buches allzu stark ins Auge fallen. Bewundernswert ist von daher, wie Goethe es verstanden hat, beide Formprinzipien des *Werther,* **das scheinbar Natürliche** und **das hintergründig wirksame Künstliche**, miteinander zu vereinbaren und in die richtige Balance zu bringen.

3 „Werther" als Dreiecksgeschichte: Figuren

Werther

Werther als Figur des *Werther*-Romans zu charakterisieren, ist aus verschiedenen Gründen nicht einfach: Zum einen erlebt ihn der Leser über weite Strecken des Buches aus Werthers eigener Perspektive, die notwendigerweise nicht objektiv ist. Allein im Herausgeberbericht am Ende des Romans eröffnet sich dem Leser eine zweite Perspektive auf die Hauptfigur. Zu diesem Zeitpunkt ist Werther aber bereits auf dem Tiefpunkt seines Lebens angelangt.

Eine der ersten Illustrationen zu Goethes *Werther* im Himburgischen Nachdruck von 1775 (vgl. auch *Interpretationshilfe*, S. 29)

Entscheidend für die Schwierigkeit eines Charakterporträts ist jedoch, dass im *Werther*-Roman jede Einzelheit auf die Hauptfigur bezogen werden kann. Werther ist der Fluchtpunkt all dessen, was im Buch vorkommt. Die Fülle der Details, die zum Charakterbild Werthers beitragen, ist damit fast unerschöpflich.

Infolgedessen ist alles, was zur Deutung des Romans vorgebracht werden kann, auch und in erster Linie eine Aussage über die Hauptfigur. Dieser Abschnitt über Werther kann daher nur die Hauptlinien seines Charakterporträts zeichnen, welches in den anderen Abschnitten dieses Kapitels *Textanalyse und Interpretation* unter anderen Gesichtspunkten weiter ausgeführt wird.

Werthers Hauptcharakterzug besteht in dem **fatalen Hang, seine Subjektivität zu verabsolutieren**. Symbol dieser Subjektivität ist sein Herz, auf das er sich in seinen Briefen bedenklich oft und überschwänglich beruft. Er möchte um dieses Herzens willen geliebt werden und nicht wegen seiner sonstigen Fähigkeiten und Vorzüge. Entsprechend begründet er seine Enttäuschung über den Fürsten**, der ihn nach dem Ende des beruflichen Zwischenspiels im diplomatischen Dienst auf sein Jagdschloss eingeladen hatte: „Auch schätzt er meinen Verstand und meine Talente mehr als dies Herz, das doch mein einziger Stolz ist, das ganz allein die Quelle von allem ist, aller Kraft, aller Seligkeit und alles Elendes. Ach, was ich weiß, kann jeder wissen – mein Herz habe ich allein." (Brief vom 9. Mai 1772) Diesem Herzen kann niemand auf die Dauer genügen, weil es nur sich selbst genügt. Deshalb bleibt Werther letztlich **allein**, ungeachtet seiner Fähigkeit, die Menschen, an denen ihm liegt, für sich einzunehmen (Beispiele: die einfachen Menschen im Ort, die ihm zunächst mit Zurückhaltung begegnen; natürlich Lotte, aber auch Albert; Lottes Geschwister, überhaupt die Kinder; Lottes Vater; die Pfarrerstochter Friederike im Brief vom 1. Juli 1771; der Graf C., das Fräulein von B., der Erbprinz und der Fürst**).

Der **Absolutheitsanspruch des Herzens**, dieser Instanz seiner Subjektivität, bringt Werther in **Opposition zu den Instanzen der Gesellschaft**. Wenn er mit ihnen zusammenstößt, sucht er nicht die Auseinandersetzung, sondern zieht sich in sich zurück. Dort lässt er eine Welt entstehen, in der er der Notwendigkeit enthoben ist, sich mit der schlechten Realität zu arrangieren. Als er zuletzt auch diese Fähigkeit, sich selbst eine Welt zu bauen, einbüßt, weiß er nicht mehr weiter: „Bin ich nicht noch ebenderselbe, der ehemals in aller Fülle der Empfindung herumschwebte, dem auf jedem Tritte ein Paradies folgte, der ein Herz hatte, eine ganze Welt liebevoll zu umfassen? Und dies Herz ist jetzt tot, [...] ich habe verloren, was meines Lebens einzige Wonne war, die heilige, belebende Kraft, mit der ich Welten um mich schuf; sie ist dahin!“ (Brief vom 3. November 1772)

Schon der Umstand, dass Werther so sehr **auf sich fixiert** ist, kann als Symptom dafür betrachtet werden, dass er ständig in Gefahr ist, sich selbst zu verlieren. Jochen Schmidt hat darauf hingewiesen, dass der Roman von Bekenntnissen des „Außer-sich-Seins“ durchzogen ist. Charakteristisch seien Wendungen wie: „ich kam ganz außer mich“, „ich wußte nichts von mir selber“, „ich komme nicht zu mir“, „ich war kein Mensch mehr“ (JS, S. 328). Werthers permanent **drohender Selbstverlust** ist eine Konsequenz seiner Rückzugstendenzen. Der Mensch muss sich im Alltag, in Konflikten mit anderen Menschen bewähren. Solche Erfahrungen schließen natürlich auch Frustrationen ein, die jedoch dazu beitragen, dass der Mensch lernt, sich und seine Umwelt realistisch wahrzunehmen und ein ihn dauerhaft tragendes Ichgefühl zu entwickeln. Werther meidet solche Erfahrungen. Er scheut das Mittelmaß eines realistischen Selbstbildes, er weigert sich, seine Illusionen über sich und die Welt und damit den Absolutheitsanspruch seiner Subjektivität aufzugeben.

Stattdessen **flieht** er. „Wie froh bin ich, daß ich weg bin!“ Das ist der erste Satz des *Werther,* der gleich ein Hauptmotiv des

Romans anschlägt. Am Ende des ersten Buches flieht Werther vor den Komplikationen seiner unerfüllbaren Liebe, am Ende des zweiten Buches flieht er aus dem Leben. An entscheidenden Stellen des Buches ist der anfängliche Ausruf aufgenommen und abgewandelt: „Ich muß fort!", heißt es am 4. September 1771, und in den Briefen vom 14. und 20. Dezember 1772 schreibt Werther jeweils den doppeldeutigen Satz: „Mir wäre besser, ich ginge."

Der erste Satz des Romans verrät darüber hinaus bereits wesentliche Charaktermerkmale Werthers: seine **Ichbezogenheit** (in dem kurzen Satz kommt zwei Mal „ich bin" vor), seine **Exaltiertheit** (der Ausrufungssatz als für ihn typische Aussageform), aber auch seine **Fähigkeit, Anteil an seiner Person und seinen Leiden zu erwecken**: Auch der Leser ist sogleich vom Schwung dieses Anfangs gefangen genommen. Die meisten Figuren des Romans halten Werther für etwas Besonderes. Man liebt ihn oder lehnt ihn ab (etwa der Arzt oder der Gesandte), jedenfalls schenkt man ihm als einem **schwierigen, aber merkwürdigen Menschen** Aufmerksamkeit. Er erscheint als extrem **unausgeglichen**, was wiederum darauf verweist, dass er, obwohl so sehr mit sich selbst beschäftigt, nicht in sich ruht. Momente des Rückzugs aus der Welt wechseln mit Situationen, in denen er sich geradezu aufdrängt. Das gilt nicht nur für seine unglückliche Liebe zu Lotte und seine Freundschaft mit Albert, sondern zeigt sich auch, als er sich in der adeligen Gesellschaft bewegt, ohne auf deren Standesbewusstsein Rücksicht zu nehmen. Auch hier lässt er sich von seinem Anspruch leiten, nur nach seinem Herzen beurteilt zu werden. Er ignoriert, dass seine Umwelt andere Kriterien ansetzt. So trifft ihn die Kränkung, die ihm widerfährt, unerwartet. Werthers **mangelnder Realitätssinn** beweist, dass man nicht ungestraft unter Leute gehen kann, solange man im Übrigen in seiner eigenen Welt lebt. Da er aber nicht bereit ist, auf diese eigene Welt zu verzichten, bricht er das Experiment, Teil der Gesellschaft zu sein, bald wieder ab.

Lotte

Als Werther Lotte zum ersten Mal begegnet, nimmt er „ein Mädchen von schöner Gestalt, mittlerer Größe“ wahr, „die ein simples weißes Kleid, mit blaßroten Schleifen an Arm und Brust, anhatte.“ (Brief vom 16. Juni 1771) Lotte schneidet ihren jüngeren Geschwistern das Abendbrot, bevor sie mit Werther zum Ball aufbricht.

Eine der ersten Illustrationen zu Goethes *Werther* im Himburgischen Nachdruck von 1775

Die berühmte Szene bringt sogleich Lottes Wesen zur Geltung. Sie steht nach dem Tod der von ihr verehrten Mutter (vgl. den Brief vom 10. September 1771) dem Haushalt vor und kümmert sich um die Geschwister, von denen sie gleichermaßen geliebt und respektiert wird. Doch hat sie sich bei aller **Verantwortung** – die im Gegensatz zur isolierten und müßiggängerischen Existenz Werthers steht – ihre **Lebenslust** bewahrt: „Über dem Anziehen und allerlei Bestellungen fürs Haus in meiner Abwesenheit", so erläutert sie Werther, habe sie vergessen, „meinen Kindern ihr Vesperbrot zu geben". Die Vorfreude auf den Ball, aber auch die vielen Pflichten im Haus, haben zu diesem Versäumnis geführt. Mit viel **natürlicher Anmut** macht sie es nun wieder gut. **Unkompliziert** und **offen** bezieht sie auch Werther sogleich in die familiäre Szene mit ein. Dieser ist hingerissen: „meine ganze Seele ruhte auf der Gestalt, dem Tone, dem Betragen".

Während der Fahrt unterhalten sie sich über Literatur, wobei Lotte sich zu ihrer Vorliebe für Bücher bekennt, die sie nicht in Wunschwelten versetzen, sondern auf realistische Weise Verhältnisse schildern, in denen sie ihre eigene Umwelt wiedererkennt. Werther ist auch hiervon begeistert. Beim Tanzen schließlich kommen sie sich nahe. Werther ist ein versierter Tänzer, was Lotte sicher für ihn einnimmt. Sie tanzt leidenschaftlich gern, wodurch wiederum ihre Kontaktfreudigkeit und Lebendigkeit zum Ausdruck kommen: „Tanzen muß man sie sehen!", berichtet Werther begeistert an Wilhelm. „Siehst du, sie ist so mit ganzem Herzen und mit ganzer Seele dabei, ihr ganzer Körper *eine* Harmonie, so sorglos, so unbefangen". Ihr Blick ist „voll vom wahrsten Ausdruck des offensten, reinsten Vergnügens". Lottes **Unbefangenheit**, ihre **Harmonie mit sich selbst**, die **Freude**, die sie ausstrahlt, aber auch ihr **Sinn für die praktische Seite des Lebens** faszinieren Werther, der selbst so unausgeglichen und unstet ist.

Gegen Ende des Balls beweist Lottes Idee, die Gäste vom aufkommenden Gewitter durch ein Gesellschaftsspiel abzulenken, **ihre Neigung und ihre Fähigkeit, sich und andere vor überspannten Reaktionen zu bewahren.** Das bedeutet nicht, dass ihre Empfindungen weniger tief gehen. Werther gesteht sie, zu Beginn des Gewitters „eine der Furchtsamsten“ gewesen zu sein. Und als anschließend ein leichter Landregen einsetzt, steht sie mit Werther am Fenster, legt **gefühlvoll** ihre Hand auf die seinige und nennt den Namen des Dichters Klopstock, womit sie auf dessen Ode *Frühlingsfeier* anspielt; woraufhin Werther, vom Gefühl und vom Gleichklang ihrer beider Seelen überwältigt, in Tränen ausbricht, während Lotte sich zusammennimmt.

In der Folge ist Werther, so oft es geht, bei Lotte (vgl. Ende des Briefes vom 19. Juni). Sie scheint **unbefangen** und **vertraulich** mit ihm umzugehen und so stellt sich eine Nähe zwischen ihnen ein, die Werthers Nervenkostüm und seine Selbstbeherrschung fast überfordert (Brief vom 16. Juli).

Dann kommt Albert zurück und die Karten werden neu gemischt. Werther benimmt sich närrisch und Lotte, die sich schon vorher **besorgt** über sein Wesen gezeigt hat („Und wie sie mich auf dem Wege schalt über den zu warmen Anteil an allem, und daß ich drüber zugrunde gehen würde!“ Brief vom 1. Juli), ruft ihn zur Ordnung und versucht **mäßigend** auf ihn einzuwirken: „‚Um Gottes willen,‘ sagte mir Lotte heut, ‚ich bitte Sie, keine Szene wie die von gestern abend! Sie sind fürchterlich, wenn Sie so lustig sind!‘“ (Brief vom 30. Juli) Die Beziehung wird einseitiger. In dem Maße, in dem Werther sich in seine Leidenschaft verrennt, scheint Lotte sich **zurückzuhalten**. Das kommt etwa in Werthers Formulierung in seinem Brief vom 30. August zum Ausdruck, dass „Lotte mir den elenden Trost erlaubt, auf ihrer Hand meine Beklemmung auszuweinen“.

Schließlich reist Werther ab, um jedoch ein Dreivierteljahr später, getrieben von Sehnsucht, wieder zu Lotte zurückzukehren. Zwischenzeitlich haben Lotte und Albert geheiratet. Auf Andeutungen Werthers, dass er sich an Alberts Stelle wünsche, reagiert Lotte mit Missfallen (Brief vom 5. September 1772). Sie duldet Werther dennoch wieder bei sich und kokettiert sogar ein wenig mit ihm (Brief vom 12. September). Auch versucht sie weiterhin auf ihn einzuwirken: „Sie hat mir meine Exzesse vorgeworfen!“ Jedoch hat sie es nicht gern, wenn er solche Beweise ihrer Anteilnahme (vgl. auch die Briefe vom 21. November und 24. November) nutzt, um auf seine Leidenschaft für sie anzuspielen (Brief vom 8. November).

Schließlich muss sie erkennen, dass das Zusammensein mit ihr **Werther** mehr und mehr **zerrüttet**. Das wird an ihrer Liebe zur Musik deutlich gemacht. „Und wenn ich was im Kopf habe und mir auf meinem verstimmten Klavier einen Contretanz vortrommle, so ist alles wieder gut“, hatte sie Werther bereits bei ihrem ersten Kennenlernen verraten (Brief vom 16. Juni 1771). Später spielt sie Werther bisweilen auf dem Klavier vor und er erfährt die wohltätige Wirkung, von der ihm Lotte gesprochen hat, auch an sich: „Sie hat eine Melodie, die sie auf dem Klaviere spielet mit der Kraft eines Engels, so simpel und so geistvoll! Es ist ihr Leiblied, und mich stellt es von aller Pein, Verwirrung und Grillen her, wenn sie nur die erste Note davon greift. [...] Und wie sie ihn [den einfachen Gesang] anzubringen weiß, oft zur Zeit, wo ich mir eine Kugel vor den Kopf schießen möchte!“ (Brief vom 16. Juli 1771). Nun, Anfang Dezember 1772, ist diese Wirkung verflogen. Im Gegenteil, Lottes Spiel wird Werther unerträglich. In einem „heftigen Ausbruch“ bittet er sie, aufzuhören. „Sie hielt“, heißt es daraufhin, „und sah mich starr an. ‚Werther‘, sagte sie mit einem Lächeln, das mir durch die Seele ging, ‚Werther, Sie sind sehr krank, Ihre Lieblingsgerichte widerstehen Ihnen. Gehen Sie! Ich bitte Sie, beruhigen Sie sich.‘“

Von nun an schickt Lotte Werther weg, um ihn, aber auch um ihre Ehe zu schützen; denn Albert, der lange zugesehen hatte, hat sie schließlich doch darum gebeten, Werthers Verhalten ihr gegenüber nach Möglichkeit „eine andere Richtung zu geben“ und „seine öftern Besuche zu vermindern“, wie der Herausgeber zu berichten weiß. Lotte sieht die Notwendigkeit hierfür ein, zaudert aber dennoch, Werther ganz „zu entfernen“, „weil sie wußte, wie viel es ihm kosten, ja daß es ihm beinahe unmöglich sein würde“. Sie steckt in einem **ausweglosen Dilemma**. Sie muss fürchten, Werther in den Tod zu treiben, wenn sie ihn nicht mehr zu sich lässt. Gleichzeitig hat sie aber erkannt, dass der Umgang mit ihr Werther in immer tiefere Verzweiflung stürzt. Was sie auch unternimmt, Werther scheint nicht zu retten zu sein. Lotte ist das Objekt seiner Sucht, aus der er sich nicht mehr lösen kann und will, auch wenn oder gerade weil sie ihn ruiniert. Lottes Lage wird zusätzlich durch die **Zwiespältigkeit ihrer eigenen Gefühle** kompliziert. Sie leidet unter den Spannungen, die die Freundschaft mit Werther nun doch in ihre Ehe gebracht hat, erkennt aber zuletzt auch, „wie schwer es ihr fallen werde, sich von ihm zu trennen.“ Unter ihren Freundinnen findet sie „keine, der sie ihn gegönnt hätte“.

Unter diesen Voraussetzungen kommt es am 21. Dezember 1772 zu der **letzten Begegnung** zwischen Lotte und Werther. Wiederum versucht sie, einen Gefühlsausbruch Werthers zu verhindern. Doch sie selbst setzt seiner Lesung durch einen „Strom von Tränen, der aus [ihren] Augen brach und ihrem gepreßten Herzen Luft machte“, ein Ende. Werther lässt sich zu Umarmungen und Küssen hinreißen. Damit ist die Grenze, die Lotte der Freundschaft gezogen hat, überschritten. Sie entzieht sich und **schickt ihn, diesmal auf immer, fort**. Die Verstörung, in der sie die folgende Nacht verbringt, zeigt, dass es auch sie große Kraft kostet, Werther aus ihrem Herzen zu reißen. Als dieser am anderen Tage Albert durch seinen Bedienten bittet, ihm seine Pistolen zu leihen, ahnt Lotte, dass Werther sich umbringen wird. Die Befangenheit, die sich mittlerweile in ihre Ehe eingeschlichen hat, hindert sie, mit Albert darüber zu sprechen. Die **Nachricht von Werthers Selbstmord trifft sie tief**: „Man fürchtete für Lottens Leben.“ Das ist der drittletzte Satz des Romans und das Letzte, was der Leser über Lotte erfährt.

Albert

Als Verlobter und später als Ehemann der von Werther so leidenschaftlich geliebten Frau hat Albert naturgemäß einen schweren Stand in einer Erzählung, die über weite Strecken ganz aus der Perspektive Werthers erfolgt. Der **Herausgeber** des Romans scheint das auch so zu empfinden. Er zeigt sich infolgedessen bemüht, Albert **Gerechtigkeit** widerfahren zu lassen (vgl. *Interpretationshilfe*, S. 30 f.). Kaum hat er begonnen, über den letzten Akt von Werthers Schicksal zu berichten, beruft er sich auf Freunde von Albert, die zum einen versichern, dass dieser kurz vor Werthers Tod „noch immer derselbige" gewesen sei, „den Werther so vom Anfang her kannte, so sehr schätzte und ehrte", und die zum anderen behaupten, dass Werther Albert, den ihm so wesensfernen Menschen, „nicht habe beurteilen können". Sie schildern ihn als einen „reinen, ruhigen Mann", der „Lotten über alles" liebt und sie eben nicht mit einem anderen teilen möchte. Sie räumen ein, dass Albert Werther zuletzt nicht mehr gern in seinem Haus gesehen und bei dessen Besuchen bei Lotte oft das Zimmer verlassen habe, was aber nicht aus Hass, sondern aus Rücksichtnahme auf das kranke Gemüt des Freundes geschehen sei.

Die durch ihrer beider Liebe zu Lotte von vornherein heikle Bekanntschaft zwischen den beiden Männern lässt sich zunächst ganz gut an, was sowohl für Albert wie auch für Werther spricht. Im Brief vom 30. Juli 1771 berichtet Werther über Alberts Ankunft. Noch bevor er sich über Albert äußert, räumt Werther ein, dass Alberts Existenz als Verlobter Lottes für ihn „unerträglich" ist, selbst wenn Albert „der beste, der edelste Mensch wäre, unter den ich mich in jeder Betrachtung zu stellen bereit wäre". Dann lobt er ihn aber doch als „brave[n], liebe[n] Mann, dem man gut sein muß" und dem er seine „Achtung nicht versagen" könne: „Seine gelassene Außenseite sticht gegen die Unruhe meines Charakters sehr lebhaft ab, die sich nicht verbergen läßt. Er hat viel Gefühl und weiß, was er an Lotten hat. Er scheint wenig üble Laune zu haben, und du weißt, das ist die Sünde, die ich ärger hasse am Menschen als alles andre.“ Mit dieser letzten Bemerkung spielt Werther auf seinen Brief vom 1. Juli an, in dem davon die Rede war, wie er sich bei dem Besuch beim Pfarrer von St.. über die üble Laune des „sogenannten Herrn Schmidt“ ereifert hatte, des Liebhabers der „Jungfer Pfarrerin“ Friederike, mit der Werther „zu artig getan“. Herr Schmidt entpuppt sich damit im Rückblick als Kontrastfigur zu Albert und Lottes Verlobter schneidet gegenüber dem Geliebten der Pfarrerstochter gut ab. Zum Vorteil gereicht ihm in Werthers Augen auch, dass er Lotte mit Respekt behandelt und es taktvollerweise unterlässt, mit ihr ihm Beisein von Werther zärtlich zu sein.

Werther versucht **zunächst**, sich mit Albert zu **arrangieren**; und auch Albert, dem Werthers Bewunderung für Lotte schmeichelt und der offenbar nicht zur Eifersucht neigt (vgl. den Brief vom 30. Juli), nähert sich Werther **freundschaftlich**. Das kommt im Brief vom 10. August zum Ausdruck, in dem Werthers Versicherung, wie sehr Albert ihn liebe, beinahe komisch wirkt, zumal Werther das Demütigende dieser Konstellation bewusst ist, die ihn dennoch auf empfindsame Weise zu Tränen rührt. Die schnellen Auf- und Abschwünge in Werthers Stimmungshaushalt, das für ihn typische Nebeneinander von Euphorie und Niedergeschlagenheit lassen sich an dieser Passage exemplarisch ablesen: „[...] dann der ehrliche Albert, der durch keine launische Unart mein Glück stört; der mich mit herzlicher Freundschaft umfaßt; dem ich nach Lotten das Liebste auf der Welt bin! – Wilhelm, es ist eine Freude, uns zu hören, wenn wir spazierengehen und uns einander von Lotten unterhalten: es ist in der Welt nichts Lächerlichers erfunden worden als dieses Verhältnis, und doch kommen mir oft darüber die Tränen in die Augen.“

Am Ende des Briefes erfährt man noch, dass „Albert ein Amt mit einem artigen Auskommen vom Hofe erhalten wird, wo er sehr beliebt ist. In Ordnung und Emsigkeit in Geschäften“, fügt

Werther hinzu, „habe ich wenig seinesgleichen gesehen". Solche Kommentare sind von Seiten Werthers natürlich zwiespältig. In ihnen scheint sich die Bemühung auszudrücken, an Albert Tugenden anzuerkennen, für die Werther ansonsten nur Geringschätzung übrig hat. Auch der nächste Brief beginnt sogleich wieder mit einem lobenden Urteil über Albert, der Werther in dieser Phase fast mehr beschäftigt als Lotte. „Gewiß, Albert ist der beste Mensch unter dem Himmel." (Brief vom 12. August) Schon die einleitende Bekräftigung „Gewiß" verrät aber, dass Werther selbst nicht so recht an seine überschwängliche Einschätzung glaubt. Er demonstriert viel eher seinen guten Willen, indem er sich selbst dazu überredet, Albert für den besten Menschen zu halten. Diese **unterdrückte Ambivalenz** kommt im weiteren Verlauf des Briefes immer unverstellter zum Ausdruck. Werther hat nämlich mit Albert eine Auseinandersetzung über die Berechtigung des Selbstmords gehabt, die dieser kategorisch in Abrede stellt, was Werther dazu veranlasst, Albert (wenn auch nicht direkt) einen **Pharisäer** zu nennen, jemanden, der „eilfertig" nach oberflächlichen Moralvorstellungen urteilt, statt den seelischen Ursachen einer solchen Tat auf den Grund zu gehen: „Schämt euch, ihr Nüchternen! Schämt euch, ihr Weisen!", ruft er gewissermaßen an die Menschheit gerichtet aus, doch Albert wird sich zu Recht mit angesprochen fühlen. Albert zeigt sich im Übrigen von Werthers Argumentation nicht sehr beeindruckt. Zuletzt gehen beide „auseinander, ohne einander verstanden zu haben". Die **Seelenfreundschaft** dieser zwei so unterschiedlichen Männer bekommt hier ihre **ersten unübersehbaren Risse**.

Das Ende der Freundschaft ist das noch nicht. Am 28. August empfängt Werther von Albert ein Geburtstagspaket, das neben einer Taschenausgabe seines geliebten Homer die blaßroten Schleifen von Lottes weißem Kleid enthält, in dem Werther sie zuerst gesehen hat. „Es ist wahr", kommentiert Werther die mit Liebe und Bedacht gewählten Geschenke, „wenn meine Krankheit zu heilen wäre, so würden diese Menschen es tun“. Diese Stelle zeigt auch – neben vielen anderen –, wie frühzeitig Werther bereits vom Gefühl durchdrungen ist, dass es für ihn keine Rettung gibt. Schon im Brief vom 22. Mai 1771, Wochen bevor er sich in Lotte verliebt, spielt er ja bereits auf die Möglichkeit an, durch Selbstmord „diesen Kerker“ des Lebens zu „verlassen“.

Die eigentliche **Entfremdung** zwischen Werther und Albert vollzieht sich **erst nach Werthers Rückkehr zu Lotte** im Frühsommer 1772. Werthers Aggression gegen Albert drängt nun aus dem Unterbewusstsein ins Bewusstsein: „Wenn ich mich so in Träumen verliere“, schreibt er am 21. August, „kann ich mich des Gedankens nicht erwehren: wie, wenn Albert stürbe? Du würdest! ja, sie würde – und dann laufe ich dem Hirngespinste nach, bis es mich an Abgründe führet, vor denen ich zurückbebe.“ Werther ist kein Mörder wie der Bauernbursche, an dessen Schicksal er so viel Anteil nimmt. Aber er wünscht sich Alberts Tod. Dieser vielleicht nachvollziehbare, nichtsdestoweniger hässliche Wunsch setzt Werther Albert gegenüber ins Unrecht. Dass dieser Lotte bittet, ihren Umgang mit Werther möglichst einzustellen, erscheint hingegen als vergleichsweise milde Reaktion auf eine Entfremdung zwischen den beiden Männern, die offenbar darauf zurückzuführen ist, dass Werther mehr und mehr den Boden unter den Füßen verliert und als ein Verzweifelter keine Rücksichten mehr nimmt. Die Briefe des Herbst und Winter 1772, in denen Albert kaum vorkommt, erwecken den Eindruck, dass man sich aus dem Wege geht. Als Albert von Werthers letztem Besuch bei seiner Frau erfährt, reagiert er unverkennbar verstimmt. Die **Pistolen**, die Werther sich durch seinen Bedienten bei ihm leiht, gibt er ohne Bedenken heraus. Er bemüht sich aber nicht selbst, sondern weist Lotte an, das zu tun. Falls er ahnt, dass Werther sich mit diesen Pistolen umbringen wird, liegt darin eine Grausamkeit nicht nur gegen den unseligen Freund, sondern auch eine gewisse Bosheit gegenüber seiner Frau. Der

Herausgeber nimmt ihn durch die ausdrückliche Erwähnung seiner Überzeugung, dass Werther zu einer solchen Tat ja doch nicht fähig sei, gegenüber dem Leser vor einem solchen Verdacht in Schutz. Dennoch bleibt die **Bewertung** dieser entscheidenden Situation **offen**. Schon in Alberts Überzeugung, dass Werther sich ja doch nie erschießen werde, kommt ja nicht nur eine gewisse Geringschätzigkeit – auf diese Weise äußert sich Alberts Aggression gegen Werther – zum Ausdruck, sondern auch die Ungeduld darüber, dass sich der Nebenbuhler nicht endlich selbst aus dem Weg räumt. Trifft diese Deutung zu, so hieße das, dass selbst beim sachlichen und beherrschten Albert am Ende die Nerven bloß liegen. In der Haltung dieses eigentlich gelassenen Menschen spiegelt sich auf diese Weise die ganze fiebrige Intensität der unglücklichen Liebe Werthers zu Lotte.

Die Figurenkonstellation im *Werther*

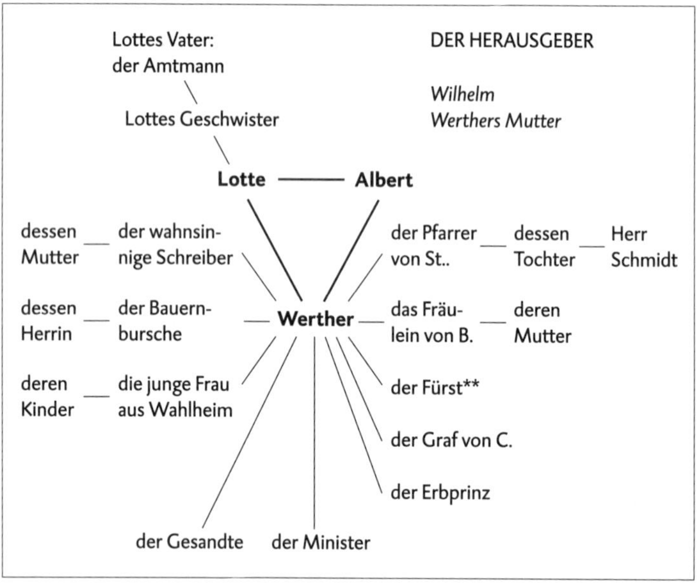

4 „Werther“ als Roman der Empfindsamkeit

Die Empfindsamkeit kam **in Deutschland um 1750 als gesellschaftliche und literarische Tendenz** auf. In England und Frankreich hatte sie sich schon in der ersten Hälfte des 18. Jahrhunderts ausgebreitet. Getragen wurde diese Strömung von der Idee, dass der Mensch nicht nur, wie die Aufklärung hervorhob, ein vernunftbegabtes Wesen sei, sondern dass er ein reiches Gefühlsleben habe, dessen Differenzierung und Kultivierung dem wohlwollenden Umgang der Menschen miteinander zugute komme. Die Empfindsamkeit zielte darauf ab, die Sympathie zwischen den Menschen, ihr Mitgefühl, ihre Fähigkeit zur Einfühlung (Empathie) zu steigern und ihr moralisches Empfinden zu vertiefen.

Ein solches unausgesprochenes Programm kann mit Recht als **Krisensymptom** verstanden werden: Wer glaubt, dass die Sympathie zwischen den Menschen wachsen sollte, hat offenbar den Eindruck, in einer kalten, abweisenden Welt zu leben. Ein solches Lebensgefühl ist die Folge des Übergangs von traditionellen Gesellschaftsstrukturen zur modernen Welt, der sich im 18. Jahrhundert abzuzeichnen beginnt. Die Menschen werden aus gewohnten Bindungen entlassen, fühlen sich allein und entwickeln daher das Bedürfnis nach Mitgefühl und Verständnis.

Dass dieses Bedürfnis sich im Privatbrief und in der Literatur der Empfindsamkeit in einer überschwänglichen Sprache entlädt, die dem heutigen Leser zumindest überzogen, wenn nicht gar lächerlich und jedenfalls nicht leicht genießbar erscheint, macht das Forcierte, das nicht ganz Natürliche und Spontane deutlich, das der Empfindsamkeit wohl auch schon zur Zeit ihrer Blüte anhaftete. Goethes Umgang mit den empfindsamen Seelen am Darmstädter Hof (vgl. *Interpretationshilfe,* S. 7 f.) veranschaulicht beispielhaft eine solche **Künstlichkeit**. Diese Künstlichkeit rührt wohl daher, dass die Empfindsamkeit eben mehr einem **Bedürfnis nach Gefühl** als dem unmittelbaren

Erlebnis des Gefühls selbst entsprang, dass sie mehr Wunsch als Wirklichkeit war.

Empfindsamkeit ist aber nicht nur der Ausdruck des Wunsches nach vertiefter Gemeinsamkeit, danach, in seinem Gefühlsleben verstanden und für sein Gefühlsleben geliebt zu werden. Empfindsamkeit kommt auch im **Wunsch** zum Ausdruck, **mit sich selbst vertrauter zu werden**. Auch das ist eine Reaktion auf die Krisenerfahrung, dass die Welt keine Heimat mehr ist.

Nicht von ungefähr sucht Werther die Stätten seiner Kindheit auf, „den lieben, vertraulichen Ort" (Brief vom 5. Mai 1772), und erinnert sich in sentimentalischer Wehmut an das Gefühl der Geborgenheit, in dem er damals dort lebte. Kennzeichnend ist der ergriffene Ton, mit dem er den Bericht über den Besuch seines Geburtsorts einleitet: „Ich habe die Wallfahrt nach meiner Heimat mit aller Andacht eines Pilgrims vollendet, und manche unerwarteten Gefühle haben mich ergriffen." Die Schilderung schließt mit dem Fazit: „Sieh, mein Lieber, so beschränkt und so glücklich waren die herrlichen Altväter!" (Brief vom 9. Mai)

Diese Sehnsucht nach der glücklichen Beschränktheit der Altväter ist der Grund für Werthers Liebe zu Homer, auf den er auch nach dem eben zitierten Satz sofort zu sprechen kommt: „so kindlich ihr Gefühl, ihre Dichtung! Wenn Ulyß [der lateinische Name für Odysseus in deutscher Schreibweise] von dem ungemeßnen Meer und von der unendlichen Erde spricht, das ist so wahr, menschlich, innig, eng und geheimnisvoll. Was hilft mich's, daß ich jetzt mit jedem Schulknaben nachsagen kann, daß sie rund sei? Der Mensch braucht nur wenige Erdschollen, um drauf zu genießen, weniger, um drunter zu ruhen." **Menschlich, innig und eng, also überschaubar und Geborgenheit vermittelnd, wünscht sich Werther die Welt.** Dass die zitierte Passage mit dem Gedanken an das enge Grab endet, zeigt jedoch, dass Werther nicht wirklich an die Möglichkeit glaubt, in solchen geborgenen Verhältnissen das Leben zu genießen.

Weil die Geborgenheit nicht dauerhaft zu erreichen ist, sucht sich Werther **Inseln des Rückzugs**. Er findet sie in der Literatur, im Park und im Landleben.

Die regressive Tendenz seiner **Homer-Lektüre** kommt bereits im vierten Brief des Romans vom 13. Mai 1771 klar zum Ausdruck: Werther lehnt das Angebot Wilhelms, ihm seine Bücher nachzuschicken, vehement ab und begründet diese Ablehnung folgendermaßen: „Ich will nicht mehr geleitet, ermuntert, angefeuert sein, braust dieses Herz doch genug aus sich selbst; ich brauche Wiegengesang, und den habe ich in seiner Fülle gefunden in meinem Homer. Wie oft lull' ich mein empörtes Blut zur Ruhe, denn so ungleich, so unstet hast du nichts gesehn als dieses Herz.“ Werthers Herz ist somit nicht nur der Sitz seiner tiefen Empfindungsfähigkeit, sondern zugleich auch an der Unruhe und Rastlosigkeit der modernen Lebensverhältnisse erkrankt. Werthers Herz ist ein Patient, der sehr nachgiebig behandelt wird: „Auch halte ich mein Herzchen wie ein krankes Kind; jeder Wille wird ihm gestattet. Sage das nicht weiter; es gibt Leute, die mir es verübeln würden.“ Die *Odyssee* Homers, der im 18. Jahrhundert als ein Dichter des idyllischen, ursprünglichen Lebens angesehen wurde, ist die Arznei, die Werthers brausendes Herz beruhigt.

Wohltätig ist auch der Aufenthalt im **Park**, der gleich am Ende des ersten Briefs erwähnt wird: „Die Stadt selbst ist unangenehm, dagegen rings umher eine unaussprechliche Schönheit der Natur. Das bewog den verstorbenen Grafen von M.., einen Garten auf einem der Hügel anzulegen [...]. Der Garten ist einfach, und man fühlt gleich bei dem Eintritte, daß nicht ein wissenschaftlicher Gärtner, sondern ein fühlendes Herz den Plan gezeichnet, das seiner selbst hier genießen wollte.“ Die Situation ist beispielhaft für die Situation des empfindsamen Menschen: Er genießt einsam, was ein anderer einsam genossen hat, und fühlt sich diesem anderen dadurch sympathetisch verbunden.

Diese innere Verbundenheit wird gleich im nächsten Satz durch besonders empfindsame Formulierungen bekräftigt: „Schon manche Träne hab' ich dem Abgeschiedenen in dem verfallenen Kabinettchen geweint, das sein Lieblingsplätzchen war und auch meines ist." Die Rührung, die auch in den Verkleinerungsformen zum Ausdruck gebracht werden soll, nähert sich hier dem Kitsch. Kitsch ist unechtes Gefühl. Das im Zeichen der Empfindsamkeit so überschwänglich geäußerte Gefühl läuft auch schon deshalb ständig Gefahr, unecht zu wirken und in Kitsch umzuschlagen, weil der Empfindsame sein Herz allzu sehr auf der Zunge trägt. Nicht zu Unrecht misstraut man Gefühlen, die ohne jede Hemmung ausgesprochen scheinen. Werther bietet in seinen Briefen zahlreiche Beispiele für eine solche problematische Inflation der geäußerten Gefühle.

Aufschlussreich für die Seelenlage des Empfindsamen ist auch, dass Werther sich so für den besonderen Garten des Grafen von M.. begeistert. Dieser ist offenkundig nach dem Vorbild englischer Parks gestaltet, die dem Ideal folgten, dass die gestaltete Landschaft die Illusion vermittle, ganz Natur zu sein. Im Gegensatz dazu brachten französische Parks die urwüchsige Natur in gewissermaßen geometrischen Entwürfen zum Verschwinden. Der antizivilisatorisch gesinnte Empfindsame zieht natürlich in seiner Sehnsucht nach der Natur den englischen Garten dem französischen vor. Die künstlich nachgeahmte Natur, die er dort vorfindet, steht in einem genauen Entsprechungsverhältnis zu den künstlich hervorgebrachten Gefühlen, mit denen er sein vom Selbstverlust bedrohtes Ich zu beleben versucht.

Der Garten ist auch – in der Mitte des Romans – Schauplatz des abendlichen Gesprächs bei Mondschein zwischen Lotte, Albert und Werther über Lottes verstorbene Mutter und das Jenseits, unmittelbar vor Werthers heimlicher Abreise (Brief vom 10. September 1771). Es handelt sich wiederum um eine prototypisch empfindsame Szenerie, deren Schilderung Werther mit entsprechendem Gefühlsüberschwang einleitet: „O daß ich nicht an deinen [Wilhelms] Hals fliegen, dir mit tausend Tränen und Entzückungen ausdrücken kann, mein Bester, die Empfindungen, die mein Herz bestürmen.“ Wichtig für die ganze Szene ist, dass sie für Werther im Zeichen des Abschieds, und damit der Wehmut, steht. „[Z]um letztenmale“ sieht er zu, wie die Sonne „über dem lieblichen Tale, über dem sanften Fluß“ untergeht. Er kommt als Erster zum Treffpunkt, einem „geschlossene[n] Plätzchen“, „das alle Schauer der Einsamkeit umschweben“. Dort kann er sich „etwa eine halbe Stunde in den schmachtenden, süßen Gedanken des Abscheidens, des Wiedersehens“ weiden, bevor er Lotte und Albert die Terrasse heraufsteigen hört. Das nun folgende Gespräch ist fast überreich an Innigkeit und Beweisen gegenseitigen Mitgefühls. Es wird auch, jedenfalls von Seiten Werthers, wieder viel geweint. Am Ende gehen die beiden anderen – Werther, der einsame Empfindsame, bleibt wieder allein zurück.

Am letzten Abend seines Lebens geht Werther noch einmal, „ungeachtet des Regens, in den gräflichen Garten“, bevor er die Abschiedsbriefe an Wilhelm und seine Mutter sowie an Albert schreibt. Auch dieser letzte Besuch des englischen Parks unterstreicht dessen Gefühlswert für Werther und bietet daneben ein weiteres Beispiel für die genaue Komposition des Romans.

Neben Literatur und Park dient Werther das **Landleben** zum Zweck, sein „Herzchen“ zu wiegen „wie ein krankes Kind.“ Dem Landleben ist er als Kind entrissen worden, als seine Mutter „nach dem Tode meines Vaters den lieben, vertraulichen Ort“, an dem er geboren wurde, „verließ, um sich in ihre unerträgliche Stadt einzusperren“ (Brief vom 5. Mai 1772). Die Stadt steht damit auch für Werthers lebensgeschichtliche Entwurzelung als eine Folge der beginnenden Mobilität der Gesellschaft, die in den alten, patriarchalischen Zeiten, denen Werther nachtrauert (vgl. die Szene am Brunnen, die er am 12. Mai 1771 schildert), noch nicht existierte. Der Affekt gegen die Stadt klingt schon im ersten Brief vom 4. Mai 1771 an. Kaum ist Werther angekommen, stellt er fest: „Die Stadt selbst ist unangenehm". Also sucht er sich einen Aufenthalt auf dem Land. Bereits nach kurzer Zeit wird er fündig. Der erste Bericht über Wahlheim – der Name betont, dass dies für Werther der Ort seiner Wahl und zudem eine Ersatzheimat ist – datiert vom 26. Mai 1771 und wird wiederum mit einer Vorbemerkung eingeleitet, die die empfindsamen Stichwörter und Formulierungsmuster enthält: „Du kennst von alters her meine Art, mich anzubauen, mir irgend an einem vertraulichen Orte ein Hüttchen aufzuschlagen und da mit aller Einschränkung zu herbergen. Auch hier habe ich wieder ein Plätzchen angetroffen, das mich angezogen hat."

Tatsächlich wird er dort schnell heimisch, ohne jedoch ganz Teil der ländlichen Idylle werden zu können, die ihn so anzieht. Vielmehr verhält er sich ihr gegenüber wie ein Tourist: „So vertraulich, so heimlich hab' ich nicht leicht ein Plätzchen gefunden, und dahin lass' ich mein Tischchen aus dem Wirtshause bringen und meinen Stuhl, trinke meinen Kaffee da und lese meinen Homer." Auch versucht er sich die ländliche Szenerie anzueignen, indem er das Malen wieder aufnimmt. Aber er lässt doch bald schon wieder davon ab, da ihn die künstlerische Arbeit vom Selbstgenuss ablenkt, um den es ihm eigentlich geht.

Dass das Landleben, entgegen der Wahrnehmung des empfindsamen Touristen, keineswegs immer idyllisch ist, verdeutlichen die Schicksale der Familie der Schulmeisterstochter, mit der Werther sich anfreundet, sowie des Bauernburschen, dem Werther so viel Mitgefühl entgegenbringt. Der jungen Frau stirbt der jüngste Sohn und ihr Mann kehrt krank und erfolglos von einer Reise in die Schweiz zurück, die er unternommen hat, um das Auskommen der Familie zu verbessern (Brief vom 4. August 1772). Allein die Notwendigkeit einer solchen Reise des Familienvaters zeigt, dass das Landleben nicht in erster Linie idyllisch, sondern hart ist. Wie sehr Werther in seiner empfindsamen

Gestimmtheit die Wirklichkeit verkennt, kommt in den Worten zum Ausdruck, mit denen er im Brief vom 30. Mai 1771 den Bericht von seiner ersten Bekanntschaft mit dem Bauernburschen einleitet: „Ich habe heute eine Szene gehabt, die, rein abgeschrieben, die schönste Idylle von der Welt gäbe [...]; es ist nichts als ein Bauernbursch, der mich zu dieser lebhaften Teilnehmung hingerissen hat. [...] du wirst mich, wie gewöhnlich, denk' ich, übertrieben finden; es ist wieder Wahlheim, und immer Wahlheim, das diese Seltenheiten hervorbringt.“ Diese Vorbemerkung verrät, wie sehr es Werther darum zu tun ist, Erlebnisse zu haben, die er auf sein Gemüt wirken lassen kann. Werther möchte sich rühren lassen, um sich dabei selbst zu spüren. Er bleibt dadurch in erster Linie auf sich selbst fixiert. Dass dabei das Objekt der Rührung nicht ganz zu seinem Recht kommt, nicht wirklich wahrgenommen wird, liegt nahe. „Ich hab'“, versichert er Wilhelm, „in meinem Leben die dringende Begierde und das heiße, sehnliche Verlangen nicht in dieser Reinheit gesehen, ja wohl kann ich sagen, in dieser Reinheit nicht gedacht und geträumt“, sodass ihm „bei der Erinnerung dieser Unschuld und Wahrheit [...] die innerste Seele“ glühe. Werthers empfindsame Verklärung der Liebesleidenschaft des unglücklich in seine Dienstherrin verliebten Bauernburschen ist eine gründliche Fehldeutung, wie aus dem weiteren Geschick des Bauernburschen hervorgeht. Er versucht die Witwe zu vergewaltigen (Brief vom 4. September 1772) und ermordet zuletzt deren neuen Liebhaber (Bericht des Herausgebers). Die vermeintliche Idylle entpuppt sich als Tragödie.

Dass Werther auf seinen Inseln des Rückzugs die Realität, die für seine Leiden verantwortlich ist, auf eine Weise beschönigt, die letztlich – weil er dem Leben immer weniger gewachsen ist – zur Quelle neuer Leiden und einer großen Ausweglosigkeit wird, hat Goethe auch durch den **Namen der Titelfigur** unterstrichen. Klaus Müller-Salget hat wohl als Erster darauf hingewiesen, dass der Name Werther vom Wort „Werth“ abgeleitet ist, welches eine Insel auf einem Fluss bezeichnet. Damit deute der Name Werthers auf seine „letztlich unaufhebbare Isolation“, auf seine „inselhafte Existenz“ (KMS, S. 22).

Diese Anspielung verstärkt den Gesamteindruck, dass Goethe seinen empfindsamen Roman *Werther* zugleich als **Kritik der Empfindsamkeit** angelegt hat. Goethes eigener Sprachgebrauch spricht für eine solche Deutung. Dem *Goethe-Wörterbuch* zufolge verwendete er das Wort „empfindsam“ vor allem in den 70er-Jahren oder mit Bezug auf diese Zeit. Er benutzte es gleichbedeutend mit gefühlvoll, zartfühlend, weichherzig, aber auch abwertend als Synonym für sentimental, larmoyant, zimperlich. Auch spricht er im Zusammenhang mit dem *Werther* von einer „Empfindsamkeitskrankheit“:

> *Als der Dichter den Werther geschrieben, um sich wenigstens persönlich von der damals herrschenden Empfindsamkeitskrankheit zu befreien, mußte er die große Unbequemlichkeit erleben, daß man ihn gerade diesen Gesinnungen günstig hielt. Er mußte manchen schriftlichen Andrang erdulden.* (*Über Goethe's Harzreise im Winter* [1820]; WA, Band 46, S. 331)

Goethe wurde also offenbar mit Fanpost von der falschen Seite überschüttet. Das spricht für die Suggestivität, mit der er seine Kritik der Empfindsamkeit ins Werk setzte.

Und sicher ist dieses Missverständnis der Leser gar nicht so groß, wie es Goethe im Rückblick bewerten wollte. Denn man darf bei aller berechtigten Betonung des kritischen Elements – das uns heute interessanter erscheint als der bewusst identifikatorische Zug des Romans – nicht übersehen, dass im *Werther* die **deutschsprachige Literatur der Empfindsamkeit** auf ihren **Höhepunkt** gelangt. Die positive Leistung der empfindsamen Strömung besteht, auch unabhängig vom *Werther,* darin, dass sie zu einer bis dahin unbekannten Differenzierung des Empfindungsvermögens sowie vor allem des Vermögens, diesen Empfindungen sprachlichen Ausdruck zu verleihen, beitrug. Die Seelenerforschung des **Pietismus** hat hierfür entscheidende Grundlagen gelegt und es ist aufschlussreich, dass der junge Goethe nach seinem gesundheitlichen Zusammenbruch in Leipzig im Sommer 1768 während der langen Periode der Rekonvaleszenz im Frankfurter Elternhaus intensiven Kontakt mit Susanna von Klettenberg hatte, einer Bekannten seiner Mutter, die der pietistischen Glaubensrichtung angehörte.

Im *Werther* ist die Sprache der Empfindsamkeit mit besonderer Raffinesse genutzt, um den Leser zu **rühren** und seinerseits zum **Mitleiden** zu bewegen, auch wenn manchmal des Guten etwas zu viel getan wird. Schon das kurze Vorwort des Herausgebers ist ein solcher eindringlicher Appell an das Mitgefühl des Lesers, der bezeichnenderweise wiederum als ein Einsamer vorausgesetzt wird: „[...] Ihr könnt seinem Geist und seinem Charakter eure Bewunderung und Liebe, seinem Schicksal eure Tränen nicht versagen. / Und du gute Seele, die du eben den Drang fühlst wie er, schöpfe Trost aus seinem Leiden, und laß das Büchlein deinen Freund sein, wenn du aus Geschick oder eigener Schuld keinen nähern finden kannst.“ Zu diesem Vorwort ist ein doppelt so langer Entwurf überliefert (WA, Band 22, S. 310), der noch ganz von der moralisierenden Tendenz durchdrungen ist, die für die Literatur der Empfindsamkeit im Allgemeinen kennzeichnend ist. Dort heißt es etwa: „[...] keinen nähern finden kannst, [...] der [...] dich mit oder wider willen auf den rechten Weeg zu leiten weis.“ Mit dem *Werther* lässt Goethe die davor übliche ausdrückliche moralische Indienstnahme von Literatur hinter sich, die auf den Leser ernüchternd und langweilig wirkt. Der Roman gewinnt dadurch eine **Mehrdeutigkeit**, die den Leser auf für ihn interessante Weise zwischen Identifikation und kritischer Distanz schwanken lässt. Für beide Lesarten setzt Goethe deutliche – sowie raffiniert unterschwellige – Signale.

Auf eine weitere romantechnische Errungenschaft hat Victor Lange hingewiesen: Bei der Beschreibung der ländlichen Idyllen im *Werther* hat Goethe offenkundig auf Vorbilder des berühmten zeitgenössischen Idyllendichters **Salomon Geßner** (1730–1788) zurückgegriffen, diese jedoch in entscheidender Hinsicht weiterentwickelt. In seiner Rezension der *Moralische[n] Erzählungen und Idyllen von Diderot und S. Geßner* (Zürich 1772), die er 1772 für die *Frankfurter Gelehrten Anzeigen* schrieb, hatte Goethe moniert, dass Geßner zwar „mit dem empfindlichsten Auge für die Schönheiten der Natur“ paradiesische Landschaften geschaffen habe, die als ein „herrliches Ganze [...] vor unsern Augen“ aufstiegen, ohne dabei „das Detail, [...] Steine, Gräschen“ zu übersehen; dass es jedoch von dem „größten Mangel dichterischer Empfindung“ zeuge, „daß in keiner einzigen dieser Idyllen die handlenden Personen wahres Interesse an- und miteinander haben“. Was Geßner noch nicht gelungen sei, „Scene, Handlung und Empfindung [zu] verschmelzen“ (WA, Band 42, S. 284–288), formuliert Goethe hier als Aufgabe des Dichters, die er dann im *Werther* selbst einlöst. Dort existiert die **Natur** nicht mehr als Objekt interesselosen Wohlgefallens, sondern gewinnt **als Spiegelbild der Seele des Empfindsamen** neue Bedeutung. Sie wird interessant, weil sie – durch die „Brille“ der handelnden und mitteilenden Hauptfigur gesehen – viel über Werther verrät, dem die Teilnahme des Lesers gilt. Dass sie dabei in ihrem Eigenrecht als vorurteilsfrei wahrgenommene Natur Schaden nimmt, ist der Preis der Werther'schen Subjektivität und steht auf einem anderen Blatt.

Salomon Geßner (1730–1788)

5 „Werther“ als Roman des Sturm und Drang

Werthers Subjektivität kommt im Roman auch darin zum Ausdruck, dass er mit den von ihm verwendeten Begriffen und Wertungen nach Belieben schaltet. Oben ist Werthers empfindsame Selbsteinschätzung zitiert worden, dass es seine Art sei, sich „anzubauen“, sich „irgend an einem vertraulichen Orte ein Hüttchen aufzuschlagen und da mit aller Einschränkung zu herbergen“ (Brief vom 26. Mai). Unmittelbar vor diesem Brief jedoch heißt es in einem nur vier Tage zuvor geschriebenen anderen Brief: „Wenn ich die Einschränkung ansehe, in welcher die tätigen und forschenden Kräfte des Menschen eingesperrt sind; wenn ich sehe, wie alle Wirksamkeit dahinaus läuft, sich die Befriedigung von Bedürfnissen zu verschaffen, die wieder keinen Zweck haben, als unsere arme Existenz zu verlängern [...] – Das alles, Wilhelm, macht mich stumm. Ich kehre in mich selbst zurück, und finde eine Welt!“ In dieser Klage gewinnt das Wort „Einschränkung“ eine ganz andere Bedeutung: Steht es in der empfindsamen Lesart des Briefes vom 26. Mai für Geborgenheit, so steht es hier für die Zwänge der Gesellschaft, innerhalb derer die Menschen ihre kleinlichen Egoismen zu verwirklichen versuchen. Wirkungsvoll mündet die hier nur teilweise wiedergegebene Wenn-Periode in eine Pause, die durch den Gedankenstrich markiert wird, woraufhin Werther noch explizit seine Ratlosigkeit gegenüber so viel Vergeblichkeit bekennt: „Das alles, Wilhelm, macht mich stumm.“ Im Brief vom 22. Mai bringt das Wort „Einschränkung“ Werthers – an dieser Stelle allerdings sehr resignativ formulierte – Empörung über den Zustand der Gesellschaft zum Ausdruck, von der er sich abkehrt. Hier steht die „Einschränkung“ im Zeichen des Sturm und Drang.

Der **Sturm und Drang** war eine relativ kurzlebige **literarische Bewegung**, die **um 1770** einsetzte und noch in den 70er-Jahren wieder an Bedeutung verlor. Ihr Aufschwung wie ihr rasches Ende haben wesentlich mit Goethe zu tun, der in allen drei Hauptgattungen der Literatur die wichtigsten Beiträge zum Sturm und Drang lieferte: in der Lyrik die Hymnen in freien Rhythmen, im Drama den *Götz von Berlichingen* und in der Epik den *Werther*. Nach 1775 wandte er sich als Minister des Großherzogtums Sachsen-Weimar jedoch bald von dem Genietreiben ab, nachdem er es in den ersten Monaten in Weimar mit dem jungen Herzog noch spielerisch fortgesetzt hatte.

Der Name der Bewegung stammt von dem Literaturtheoretiker Christoph Kauffmann, der das 1776 entstandene Drama *Wirrwarr* von Friedrich Maximilian Klinger in *Sturm und Drang* umbenannte. Dieser Titel setzte sich allmählich als Bezeichnung für die ganze, zu dieser Zeit schon wieder abklingende Strömung durch.

Als literarische Bewegung hat der Sturm und Drang keine sehr klaren Konturen. Entscheidend ist der Aspekt des **Aufbegehrens gegen überkommene literarische Muster**, gegen eine als unlebendig empfundene Regelhaftigkeit. Leitvorstellung wird das **Originalgenie**, das in Gott ähnlicher Weise schöpferische Individuum. In Goethes Hymne *Prometheus* findet diese Vorstellung ihren überzeugendsten Ausdruck. Sie ist hier mit dem Aufbegehren gegen die höchste Autorität, im Gedicht verkörpert im Göttervater Zeus, verbunden. Nicht von ungefähr sind Vater-Sohn-Konflikte ein Hauptthema des Sturm und Drang.

Der Sturm und Drang ist Teil einer umfassenden bürgerlichen Emanzipationsbewegung, des Kampfes gegen spätfeudale Strukturen und des Versuchs, neue, freiere Lebensverhältnisse zu schaffen. Seine besondere Ausstrahlung hat der Sturm und Drang durch die **Leidenschaftlichkeit**, mit der er den **Protest gegen die rückständigen Verhältnisse** vorbringt. Sein Manko ist, dass bei den meisten Autoren des Sturm und Drang die Leidenschaftlichkeit zuweilen jeden klaren Gedanken aus dem Feld schlägt, sodass der ursprüngliche Titel des oben erwähnten Dramas von

Klinger, *Wirrwarr*, als Bezeichnung der ganzen Strömung auch eine gewisse Berechtigung gehabt hätte.

Die Werke Goethes, die dem Sturm und Drang zuzurechnen sind, machen hier eine Ausnahme. Wie eingangs am Beispiel des Briefs vom 22. Mai 1771 angedeutet, sind auch die emotionalen Momente in den Briefen Werthers künstlerisch kontrolliert und bewusst geformt. Mehr noch: Werther selbst reflektiert über seinen originellen, geniehaften Stil und ist sich darüber im Klaren, dass dieser auf den Gesandten, den Vertreter der alten Ordnung und der ihr gemäßen förmlichen Schreibweise, provozierend wirken muss: „Der Gesandte macht mir viel Verdruß, ich habe es vorausgesehen. Er ist der pünktlichste Narr, den es nur geben kann; [...] Ich arbeite gern leicht weg, und wie es steht, so steht es; da ist er imstande, mir einen Aufsatz zurückzugeben und zu sagen: ‚Er ist gut, aber sehen Sie ihn durch, man findet immer ein besseres Wort, eine reinere Partikel.‘ – Da möchte ich des Teufels werden. Kein Und, kein Bindewörtchen darf außenbleiben, und von allen Inversionen, die mir manchmal entfahren, ist er ein Todfeind; wenn man seinen Period nicht nach der hergebrachten Melodie heraborgelt, so versteht er gar nichts drin. Das ist ein Leiden, mit so einem Menschen zu tun zu haben.“ (Brief vom 24. Dezember 1771) Auch ist sich Werther bei aller Impulsivität seiner Schreibweise der ihr zugrunde liegenden rhetorischen Mittel genau bewusst: „Ich witzle mich mit meinen Schmerzen herum; wenn ich mir’s nachließe, es gäbe eine ganze Litanei von Antithesen.“ (Brief vom 22. November 1772)

Es ist kein Wunder, dass **Werther** regelmäßig Zusammenstöße mit dem Gesandten hat (vgl. die Briefe vom 24. Dezember 1771 und vom 17. Februar 1772). Denn in seiner entschiedenen Ablehnung der ihn umgebenden Gesellschaft ist er ein **typischer Vertreter des Sturm und Drang**. Jochen Schmidt hat in diesem Zusammenhang die einleuchtende These aufgestellt, dass in „Goethes Jugendroman [...] der Subjektivismus der Sturm-und-

Drang-Epoche zum Problem" werde, und zwar „nicht theoretisch und explizit, sondern durch einen im Sinne des Sturms und Drangs und seiner Wertungen entworfenen Lebensgang." Weil Werthers Leben tödlich scheitere, erscheine die Grundstimmung der Zeit in einer tragischen Fragwürdigkeit. Diese **im Roman implizit enthaltene kritische Wendung gegen die Positionen des Sturm und Drang** seien „um so erstaunlicher, als Goethe die erste Fassung seines Werks im Jahre 1774 veröffentlichte, noch mitten in der Epoche selbst". Seinen „irritierenden Reiz" erhalte das Buch „durch die Ambivalenz von noch vorhandener, ja überwiegender Identifikation mit Werthers Verfassung – nur so entstehn die großartigen Intensitäten – und schon sich einstellender, halb unterschwelliger Diagnose." (JS, S. 322)

Diese Aussagen gelten auch für die zweite Fassung des Romans. Und wie für andere zentrale Aspekte von Werthers Persönlichkeit – seine Empfindsamkeit, seine Krankheit zum Tode – gilt auch für seine Attitüde des Stürmers und Drängers, dass sie nicht erst im Laufe der Romanhandlung, etwa aus Kränkung durch seinen Ausschluss aus der Adelsgesellschaft, entsteht, sondern von Anfang an vorhanden ist. Schon im Brief vom 22. Mai 1771 schimpft Werther über die Heuchelei der „Bürger", „die ihren Lumpenbeschäftigungen [...] prächtige Titel geben und sie dem Menschengeschlechte als Riesenoperationen zu dessen Heil und Wohlfahrt anschreiben". Und den Brief vom 26. Mai beendet er mit dem Ausruf: „O meine Freunde! warum der Strom des Genies so selten ausbricht, so selten in hohen Fluten hereinbraust und eure staunende Seele erschüttert? – Liebe Freunde, da wohnen die gelassenen Herren auf beiden Seiten des Ufers, denen ihre Gartenhäuschen, Tulpenbeete und Krautfelder zugrunde gehen würden, die daher in Zeiten mit Dämmen und Ableiten der künftig drohenden Gefahr abzuwehren wissen."

Unverkennbar sind diese bissigen Bemerkungen als Sinnbild für die falsche Behaglichkeit der gesellschaftlichen Zustände gemeint, die der Stürmer und Dränger in einer Sintflut ersäuft sehen möchte, während die Bürger vorläufig noch gelassen und erfolgreich Dämme bauen und den verschlingenden Wasserstrom in zahmen Bächen ableiten und damit entschärfen. Kennzeichnend ist ferner die allgemeine und pathetische Anrede „O Freunde“ in einem Brief, der eigentlich an eine Person, Werthers Freund Wilhelm, gerichtet ist. Werther schlüpft hier in die Rolle des Apostels einer neuen Zeit. Seine Worte richten sich an alle Menschen, die **die alte Ordnung zum Einsturz bringen** wollen. Von welcher Seite her den Bürgern Gefahr droht, ist dabei durch die Wortverbindung „Strom des Genies“ deutlich ausgesprochen, denn das Originalgenie ist das Ideal des Sturm und Drang.

Auch die Strom-Metapher ist bewusst gewählt: Sie verweist auf die **Pindar-Rezeption der Stürmer und Dränger**. Vermittlungspunkt für diese Assoziation zwischen Pindar und einem reißenden Strom ist eine Ode des lateinischen Dichters Horaz, in der Pindars elementare Dichterkraft mit einem vom Gebirge herabstürzenden Strom verglichen wird. Der griechische Lyriker Pindar galt den Stürmern und Drängern als großes Vorbild, weil seine Gedichte scheinbar keine Regeln kannten (was ein Missverständnis ist, wie man mittlerweile weiß; sie sind nur besonders kompliziert). Goethe setzte sich während der Monate in Wetzlar intensiv mit Pindar auseinander und glaubte, durch dessen Vorbild seine bisherige Unverbindlichkeit im künstlerischen Schaffen überwinden zu können. Mitte Juli 1772 schrieb er darüber aus Wetzlar an Herder:

> *Wenn ich nun aber überall herumspaziert bin, überall nur dreingeguckt habe, nirgends zugegriffen. Drein greifen, packen ist das Wesen jeder Meisterschaft. […] Ich möchte beten, wie Moses im Koran: ‚Herr mache mir Raum in meiner engen Brust!‘“* (WA, Band 95, S. 17)

Goethes Selbstdiagnose ruft nicht von ungefähr Werthers Halbherzigkeit als Maler in Erinnerung. Auch hier überwand Goethe diesen Zustand der Halbherzigkeit, während seine Romanfigur darin verharrt. Von Goethes Fähigkeit, meisterhaft zuzupacken, legen seine an Pindar orientierten großen Sturm-und-Drang-Hymnen Zeugnis ab.

Werthers Briefe vom 22. und 26. Mai 1771 zeigen, dass er sich nicht nur in Opposition zur Adelswelt befindet, die natürlich in besonderer Weise die ungleich verteilten Privilegien innerhalb der alten Ordnung repräsentiert. Zwar mokiert er sich bei verschiedenen Gelegenheiten über den hohlen Stolz und Standesdünkel des Adels (vgl. die Briefe vom 24. Dezember 1771 und vom 15. März 1772), aber die Freundschaft des Grafen von C.., die Gunstbeweise des Ministers und des Erbprinzen (vgl. den Brief vom 19. April 1772) und das Interesse, das ihm der Fürst** entgegenbringt (vgl. den Brief vom 24. März 1772), schmeicheln ihm doch. Dass ihm der Umgang mit diesen Adeligen und Würdenträgern angenehm ist – wie auch die Freundschaft mit dem Fräulein von B.., dem er in etwas selbstherrlicher Vorurteilslosigkeit in seinen Briefen zuweilen das „von" vorenthält (vgl. die Briefe vom 15. und 16. März) –, ist auch gewissermaßen konsequent, insofern er ja die Auffassung vertritt, dass der Mensch allein nach seinem Herzen und nicht nach seiner Stellung in der Gesellschaft zu beurteilen sei. Inkonsequent gegenüber seiner sonstigen Haltung als Stürmer und Dränger ist hingegen, dass er davon Abstand nimmt, die ständische Organisation der Gesellschaft zu kritisieren, wenn seine eigenen Privilegien als Bürgerlicher ins Spiel kommen: „Was mich am meisten neckt", schreibt er am 24. Dezember 1771, „sind die fatalen bürgerlichen Verhältnisse", um dann hinzuzufügen: „Zwar weiß ich so gut als einer, wie nötig der Unterschied der Stände ist, wie viel Vorteile er mir selbst verschafft: nur soll er mir nicht eben gerade im Wege stehen, wo ich noch ein wenig Freude, einen

Schimmer von Glück auf dieser Erde genießen könnte.“ Werther ist gegen die Ständehierarchie, wenn sie ihm den Umgang mit dem Fräulein von B.. erschwert. Er ist aber für die Ständehierarchie, sofern sie ihm ein müßiggängerisches Leben ermöglicht, auf das er beispielsweise als Bauer (in der von ihm so verklärten ländlichen Idylle) verzichten müsste. Hier klaffen Theorie und Lebenspraxis auseinander. Immerhin ist Werther auch hier fähig, diese Inkonsequenz zu erkennen.

Die drei anderen zentralen Erfahrungsbereiche für Werther neben der Gesellschaft sind die Liebe, die Natur und die Literatur.

Dass Werther ein empfindsam Liebender ist, zeigt sich an seinen Verzückungen, bei denen ihm fast die Sinne vergehen, an seinen zahlreich fließenden Tränen und an der überschwänglichen Sprache, in der er seine Gefühle ausdrückt. Ob es auch eine charakteristische Ausprägung der von einem Stürmer und Dränger gefühlten **Liebe** gibt, ist hingegen fraglich. Allenfalls die Heftigkeit seiner Gefühle und insbesondere seiner Gefühlsäußerungen, zudem die plötzlichen Umschwünge zwischen Euphorie und Niedergeschlagenheit sind hier zu nennen, weil sie dem unausgeglichenen Temperament der Sturm-und-Drang-Dichtungen und -helden entsprechen.

Dieses Hin und Her, diese Auf- und Abschwünge prägen auch Werthers Wahrnehmung der **Natur**, die ja ein Spiegelbild seiner jeweiligen Stimmung ist. Das Pendel bewegt sich hier weniger zwischen Euphorie und Depression als vielmehr zwischen Begrenzung und Entgrenzung. Schon der erste Brief des Romans endet mit dem Hinweis auf den stimmungsvoll melancholischen Garten als ein „Lieblingsplätzchen“. Im zweiten Brief, der Naturschilderung vom 10. Mai mit der berühmten Wenn-Periode, steigert sich Werther hingegen in eine allumfassende, quasi-religiöse Naturekstase hinein. Der dritte Brief kehrt mit der Szene am Brunnen wieder zu einer überschaubaren Idylle zurück.

Unverkennbar sind die Naturbeschreibungen vom 10. Mai und vom 18. August 1771 aufeinander bezogen. Hier folgt auf die Euphorie des ersten Briefes tatsächlich die Depression des zweiten, in dem sich Werther zu Beginn das „volle, warme Gefühl" seines „Herzens an der lebendigen Natur", die „überfließende Fülle", in der er sich „wie vergöttert" fühlte, ins Gedächtnis ruft, bevor er bekennt, dass es sich „vor meiner Seele wie ein Vorhang weggezogen, und der Schauplatz des unendlichen Lebens [...] sich vor mir in den Abgrund des ewig offenen Grabes" verwandelt hat. Entgegen der seinerzeitigen Vision einer sich in Schönheit immer erneuernden Natur nimmt er nun die „verzehrende Kraft" wahr, „die in dem All der Natur verborgen liegt." Er sehe nichts, heißt es am Schluss des Briefes, „als ein ewig verschlingendes, ewig wiederkäuendes Ungeheuer."

Dieser Umschwung ist für die extrem subjektive Naturwahrnehmung Werthers charakteristisch, der inzwischen erkannt hat, dass seine Liebe zu Lotte kein Glück, sondern ein Verhängnis ist. Die Wahrnehmung der Natur als nicht nur idyllisch, sondern auch als zerstörerisch im Rahmen des ewigen Kreislaufs des Lebens, ist jedoch auch eine grundlegende Position des jungen Goethe zur Zeit des Sturm und Drang, mit der er sich gegen die oberflächlich beschönigende Naturbetrachtung der zeitgenössischen Kunst und Ästhetik wendet. Als Mitarbeiter der *Frankfurter Gelehrten Anzeigen* (vgl. *Interpretationshilfe*, S. 7) hatte er 1772 einen gerade erschienenen Band von Johann Georg Sulzers *Allgemeine[r] Theorie der Schönen Künste* (1771/74) rezensiert und den dort enthaltenen Artikel über *Die schönen Künste in ihrem Ursprung, ihrer wahren Natur und besten Anwendung* scharf kritisiert (WA, Band 42, S. 206–214): Nachahmung der Natur verstehe Sulzer als „Verschönerung". „Gehört denn", setzt Goethe dagegen, „was unangenehme Eindrücke auf uns macht, nicht so gut in den Plan der Natur, als ihr Lieblichstes? [...] Was wir von Natur sehen, ist Kraft, die Kraft verschlingt, nichts gegenwärtig, alles vorübergehend, tausend Keime zertreten, jeden Augenblick tausend geboren, groß und bedeutend, mannichfaltig in’s Unendliche; schön und häßlich, gut und bös, alles mit gleichem Rechte neben einander existirend.“ Wichtig an dieser für die damalige Zeit revolutionären Anschauung ist die moralische Indifferenz, die Goethe in der Natur erkennt: Gut und Böse existieren mit gleichem Recht nebeneinander. Das wird vorbildlich für den *Werther*, in dem das Moralisieren vermieden ist. Im Übrigen erklärt Goethe, dass Kunst auch dort, wo sie den Zweck verfolge, das Dasein zu verschönern, nicht dem Beispiel der Natur folge. Vielmehr sei „die *Kunst* […] gerade das Widerspiel; sie entspringt aus den Bemühungen des Individuums sich gegen die zerstörende Kraft des Ganzen zu erhalten.“ Auch diese nicht weniger revolutionäre These lässt sich auf den *Werther* beziehen: Durch die Objektivierung seiner eigenen Erlebnisse im Kunstwerk gelang es Goethe, sich gegen die zerstörerische Kraft der Liebe zu Charlotte Buff, die ihn nach Auskunft der Autobiografie *Dichtung und Wahrheit* bis an den Rand des Selbstmords getrieben hatte, zu erhalten.

Nach Gesellschaft, Liebe und Natur bleibt als letzter Erfahrungsbereich die **Literatur**, auf die abschließend kurz anhand von Werthers Vorliebe für Ossian eingegangen werden soll. Im Laufe der Romanhandlung wird Homer, der vermeintliche Dichter der patriarchalischen Idylle, durch Ossian, den nordischen Barden, ersetzt. Ossian taucht schon im Brief vom 10. Juli 1771 auf: „Neulich fragte mich einer, wie mir Ossian gefiele!“ Der Kontext macht deutlich, dass das für Werther eine unsinnige Frage ist, da sich die Antwort von selbst versteht. Dennoch bleibt Homer die bevorzugte Lektüre, bis Werther im Sommer 1772 zu Lotte zurückkehrt. Nach der Kränkung durch die Adelsgesellschaft hat Werther ein letztes Mal zum Homer gegriffen, um sich zu beruhigen (Brief vom 15. März 1772). Am 12. Oktober heißt es dann: „Ossian hat in meinem Herzen den Homer verdrängt. Welch eine Welt, in die der Herrliche mich führt!“ Es folgt eine Beschreibung, wie Ossian auf Werthers Seele wirkt: Gewissermaßen überlebensgroße Heldengestalten trotzen oder unterliegen in nordisch verdüsterter Landschaft allgegenwärtigen Gefahren und klagen über den Tod ihrer Angehörigen, die sie im Kampf verloren haben. Werther lässt sich erschüttern und fühlt sich zu eigener Tat, allerdings zum Selbstmord, aufgerufen.

Die Begeisterung der Sturm-und-Drang-Generation für die Ossian-Dichtungen erklärt sich aus der von Herder propagierten Hinwendung zur Volkspoesie sowie zu den nordischen Literaturen, die dem Charakter der Deutschen verwandter zu sein schienen als die bis dahin vorherrschenden französischen Vorbilder. (Beim Ressentiment gegen das Französische spielt auch eine Rolle, dass Frankreich als Staatssystem der Modellfall des Absolutismus war.) Der Engländer Shakespeare wurde auf diese Weise schnell zu einer Art von deutschem Nationalautor. Als um 1760 Ossian-Dichtungen bekannt wurden, glaubte man, es mit wiederentdeckten schottischen Gesängen von Barden der Vorzeit zu tun zu haben. Erst viel später kam heraus, dass die Ossian-Dichtungen auf einen jungen schottischen Hauslehrer namens James Macpherson zurückgingen, der vom Lande stammte, in Edinburgh lebte und dort den Auftrag erhalten hatte, alte Volkslieder zu ermitteln. Ehrgeizig und begabt nutzte er den Auftrag, um auf der Grundlage von alten Sagen-Motiven Eigenes zu dichten. Der junge Goethe glaubte wie seine literaturbegeisterte Mitwelt an die Echtheit der Gesänge und fertigte von Teilen davon Übersetzungen an. Aus diesen Übersetzungen Goethes, die im Roman als Übersetzungen Werthers ausgegeben werden, liest Werther Lotte an ihrem letzten gemeinsamen Abend vor. Die im Roman wiedergegebenen Passagen sind für den heutigen Leser eine schwer verdauliche Lektüre. Sie stehen für eine Tendenz innerhalb der Bewegung des Sturm und Drang – zurück zu den eigenen germanischen Wurzeln, Abgrenzung von der Vorherrschaft der französischen Kultur – und bezeugen Werthers und Lottes Neigung, sich von dieser literarischen Modeerscheinung erschüttern zu lassen. Hat man diese Funktion erkannt, kann man ohne Schaden etwas geschwinder über die entsprechenden Seiten hinweglesen.

„Werther" als Roman der Empfindsamkeit und des Sturm und Drang

Empfindsamkeit	**Sturm und Drang**
• Brief • Selbstbezug • Erforschung der eigenen Gefühlswelt • Beschränkung • Tränen • Homer als vermeintlicher Dichter der patriarchalischen Idylle • Gefühle der Rührung im englischen Park	• Protest gegen die Gesellschaft • Kritik an fremder Unzulänglichkeit • Schrankenlosigkeit • bitterer Spott • Ossian als vermeintlicher nordischer Barde heroischer Schicksale • mal euphorische, mal depressive Gefühle der Überwältigung durch die Natur

6 Interpretation von Schlüsselstellen

Brief vom 18. August 1771

Der Brief vom 18. August enthält die ausgedehnteste Landschaftsschilderung des Romans. Werther berichtet hier, wie die Betrachtung der Natur ganz gegensätzliche Empfindungen in ihm auslöst: Glaubte er früher, „das innere, glühende, heilige Leben der Natur [...] allbelebend" in sich aufnehmen zu können, so sieht er in ihr nun „nichts als ein ewig verschlingendes, ewig wiederkäuendes Ungeheuer."

Schon der Anfang des Briefes verrät, dass dieser Umschwung nicht auf eine Veränderung der Natur zurückzuführen ist, sondern auf einen Bewusstseinswandel im Betrachter. Der erste Satz formuliert das Thema des Briefes wirkungsvoll als verzweifelte

Frage: „Mußte denn das so sein, daß das, was des Menschen Glückseligkeit macht, wieder die Quelle seines Elendes würde?" An dieser Stelle ließe sich für das Pronomen „das" noch „die Natur" einsetzen. Im zweiten Satz aber wird bereits klar, dass Werther nicht die Natur, sondern sein Herz gemeint hat, auf das er sich in seinen Briefen so oft und in einer Weise beruft, dass man es als Chiffre oder als Symbol für seinen Anspruch auf unbedingte Subjektivität bezeichnen kann. Das „volle, warme Gefühl", also die – hier noch eindeutig positiv beschriebene – gesteigerte Empfindungsfähigkeit seines Herzens, habe ihm früher die Natur „zu einem Paradiese" geschaffen. Nun aber sei ihm dieses reich empfindende Herz „zu einem unerträglichen Peiniger" geworden.

Nachdem das Thema des Briefes, der ihn bestimmende Konflikt, genannt ist, ruft Werther in einer ausführlichen Schilderung sein ehemaliges inniges Verhältnis zur Natur in Erinnerung. Diese Naturbeschreibung erinnert schon deshalb an die berühmte erste Naturbeschreibung des Romans im Brief vom 10. Mai, weil Werther hier wie dort sein Naturerlebnis in einer dreigliedrigen „Wenn"-Periode zum Ausdruck bringt. Die drei jeweils mit „wenn" eingeleiteten Nebensätze stellen gleichsam drei Anläufe dar, in denen Werther die Fülle dessen einzubegreifen versucht, was „allbelebend" sein Herz bewegt und ihn glücklich macht. Durch einen solchen Satzbau drückt Werther auch aus, wie „übervoll" sein Herz ist, sodass dieser Zustand der Glückseligkeit sich gar nicht in einem Anlauf bewältigen lässt. Jeder der drei „wenn"-Sätze besteht zudem aus Aufzählungen, die sich in jedem neuen Anlauf dichter drängen, an Umfang und an Komplexität zunehmen, sodass dem Satzgefüge insgesamt eine dynamische Spannung, eine fortlaufende Steigerung innewohnt, die zum einen Werthers Euphorie zum Ausdruck bringt und zum anderen die von Werther wahrgenommene Vielgestaltigkeit und lebendige Fülle der Natur spiegelt. Wie schon im Brief vom 10. Mai geht der Blick des Betrachters dabei zunächst vom

Fernen, Großen und Allgemeinen aus, um zuletzt zum Nahen, Winzigen und Besonderen zu gelangen: Zunächst ist recht allgemein „vom Felsen“, dem „Fluß“, „jenen Hügeln“ und dem „fruchtbare[n] Tal“ die Rede; im nächsten Anlauf geraten die Berge, die Täler und der Fluss genauer in den Blick und werden in ihren landschaftlichen Besonderheiten beschrieben („mit hohen, dichten Bäumen bekleidet“; „in ihren mannigfaltigen Krümmungen von den lieblichsten Wäldern beschattet“; „zwischen den lispelnden Rohren dahingleite[nd] und die lieben Wolken abspiegel[nd]“); schließlich richtet sich die Aufmerksamkeit auf das nahe und das kleine Leben, wobei die Betrachtung auch hier einem Ordnungsprinzip folgt, indem der Blick schrittweise von oben nach unten geht: zunächst die Vögel „um mich“, die den Wald beleben; dann die „Millionen Mückenschwärme im letzten roten Strahle der Sonne“; dann die „summenden Käfer“ im „Grase“, zuletzt „das Moos“ und „das Geniste“: All das fasste Werther ehemals in sein „warmes Herz“, wie nochmals betont wird, und fühlte sich dann „in der überfließenden Fülle wie vergöttert“.

Bemerkenswert ist, was sich auch sonst im *Werther* beobachten lässt: Goethes Fähigkeit, die Euphorie Werthers, seine Begeisterung bis zur Selbstvergessenheit mit künstlerischen Mitteln auszudrücken, die alles andere als selbstvergessen und impulsiv, sondern vielmehr auf wohlbedachte Weise wirkungsvoll organisiert sind. Wichtig ist ferner hinsichtlich des Charakterbildes Werthers, worauf die große Naturschilderung zuläuft: auf das Erlebnis, sich in „überfließende[r] Fülle wie vergöttert“ vorzukommen. Wenn man davon ausgeht, dass man gerade nach dem verlangt, was einem normalerweise fehlt, dann lässt dieser Wunsch den Schluss zu, dass Werther sich in seinen bangen Momenten leer und verlassen fühlt. Sein oftmals übersteigertes und etwas unnatürlich wirkendes Bedürfnis, sich zu begeistern und zu berauschen – an der Natur, an seiner Leidenschaft für

Lotte, an der vermeintlichen patriarchalen Idylle seines Zufluchtsortes Wahlheim, an seinem Mitgefühl für Mitmenschen, die er für seine Leidensgenossen hält, wie den Bauernburschen, die Selbstmörderin, von der er Albert erzählt, oder den wahnsinnigen Schreiber –, wäre dann eine Reaktionsbildung auf sein Mangel an Ich-Gefühl im unberauschten Zustand. Dass er sich immer wieder auf sein warmes volles Herz beruft, wäre in gleicher Weise ein Symptom für seine Angst, kalt und leer zu sein. Der auffällige Zug seiner Naturschilderung, die unendliche, sich ständig erneuernde Fülle des Lebens zu betonen, wäre schließlich ein Indiz dafür, dass ihm das Gefühl der eigenen Lebendigkeit nicht selbstverständlich ist.

Kennzeichnend ist in diesem Zusammenhang, dass Werther auch in der Euphorie der Empfindung, innerhalb der belebten Natur ein Teil vom Ganzen zu sein, nie zur Ruhe gekommen ist. Das gilt nicht nur im Moment der Verzweiflung wie am 18. August – diese Verzweiflung ist natürlich darauf zurückzuführen, dass Werther mittlerweile erkannt hat, wie hoffnungslos seine Liebe zu Lotte ist –, sondern auch schon für die Zeiten davor, die Werther nun rückblickend verklärt. Schon im Brief vom 10. Mai stürzte die Euphorie ab und mündete in Niedergeschlagenheit, die aus der Einsicht folgte, dass er die Herrlichkeit der Naturerscheinungen nicht im Bild fassen, geschweige denn schöpferisch selbst hervorbringen könne. Dass Werther im Gefühl, Teil der Natur zu sein, kein Genügen findet, dass ihn die Sehnsucht treibt, selbst Gott zu sein und damit über der Natur oder der Natur gegenüber zu stehen, beweist seine letztlich unaufhebbare Distanz zur Natur. Als moderner Mensch möchte er die Dinge, und so auch die Natur, beherrschen. Dieser Wunsch nach Herrschaft resultiert wiederum aus einem Gefühl der Ohnmacht. Dieses entsteht aus der Empfindung, dass man zwar die Freiheit gewonnen hat, traditionelle Bahnen zu verlassen und etwas Besonderes aus seinem Leben zu machen, dass dieser Wunsch nach

Selbstverwirklichung jedoch die eigenen beschränkten Kräfte überfordert. Die Ohnmacht, die der von seinen eigenen Ansprüchen überforderte Mensch empfindet, gerinnt zur Sehnsucht des entmutigten Menschen, allmächtig zu sein, während er sich in Wirklichkeit passiv verhält und in Träumereien flüchtet. Schon im Brief vom 10. Mai ist von dieser Sehnsucht die Rede. Breiter wird dieses Gefühl der Sehnsucht dann im Brief vom 18. August ausgemalt: „Wie oft", schreibt Werther, habe er sich „damals [...] gesehnt", „nur einen Augenblick in der eingeschränkten Kraft meines Busens einen Tropfen der Seligkeit des Wesens zu fühlen, das alles in sich und durch sich hervorbringt." Einmal nur Gott sein! Einmal nicht der Gewalt der Erscheinungen erliegen (vgl. das Ende des Briefes vom 10. Mai), sondern selber die Regie übernehmen! Dieser Wunsch nach Beherrschung, der im Grunde nichts weiter als die Beherrschung des eigenen Lebens meint, muss jedoch unerfüllt bleiben, solange man sich passiv verhält. Während der Monate in Wetzlar war Goethe bei der Lektüre von Pindar aufgegangen, dass Meisterschaft bedeutet, ins Leben einzugreifen, den Mut zu haben und die Fähigkeit zu beweisen, ein Gespann von vier feurigen Pferden mit fester Hand zu lenken. Diesen Mut bringt Werther nicht auf. Weil er sich vom Leben fernhält, fühlt er sich nicht lebendig. Daran leidet er und davor flüchtet er sich in künstliche Begeisterungen, die ihm den nüchternen Blick auf die Wirklichkeit noch mehr verstellen und ihn dem Leben noch mehr entfremden. Dieser verzerrte Blick zeigt sich in seiner Vision der Natur als „Abgrund des ewig offenen Grabes" am Ende des Briefes vom 18. August. Und diese Entfremdung vom Leben mündet in das Gefühl der Ausweglosigkeit, das zu Werthers Selbstmord am Ende des Romans führt.

Werthers Unvermögen, sein Leben im bürgerlichen Sinne in den Griff zu bekommen, ist jedoch mehr als das individuelle Schicksal eines labilen Menschen. In seinem Schicksal spiegelt sich ein Allgemeines, spiegeln sich die gesellschaftlichen Verhältnisse in der beginnenden Moderne, worauf Hans Peter Herrmann im Rückgriff auf einen Aufsatz von Joachim Ritter aufmerksam gemacht hat. Werthers düstere Schilderung der Natur am Ende des Briefes vom 18. August lässt sich als Gleichnis der modernen Gesellschaft lesen: „ein Zustand, in dem alles gegen alles feindlich gestellt ist, alles zerstörend und alles zerstört, lauter taumelnde Ich-Punkte, die zusammen einen sich wechselseitig vernichtenden Prozeß darstellen. Ein Zustand unüberwindbarer Trennungen und einer alles zerstörenden, allseitigen Gegnerschaft, in der jedes dem anderen zum Objekt wird [...]. Im Medium der Natur artikuliert Werther gesellschaftliche Erfahrung." (HPH, S. 376)

Der Wunsch, sich einem solchen Gesellschaftszustand zu entziehen, ist genauso nachvollziehbar wie der daraus resultierende Wunsch, sich in die Illusion allseitiger Harmonie zu flüchten, wie es Werther in Wahlheim oder in der emsig belebten, besonnten Natur versucht. Doch diese Fluchtversuche weisen, wie sich gezeigt hat, regressive Züge auf. Eine Wunschvorstellung kann nicht einfach Wirklichkeit werden. Auch kann der moderne Mensch nicht aus seiner Haut heraus, was Werthers fehlende Demut zeigt, seine Sehnsucht, die Allmacht Gottes in sich zu spüren. So muss Werther scheitern: an der Gesellschaft, gegen die er sich stellt, aber paradoxerweise auch an seinen überzogenen Ansprüchen auf Selbstverwirklichung, die ihn gerade als ein typisches „Produkt" der modernen Gesellschaft ausweisen.

Der Schluss des Romans

(„Ein Nachbar sah den Blick vom Pulver und hörte den Schuß fallen; [...]. Kein Geistlicher hat ihn begleitet.")

Die Schilderung von Werthers Sterben bildet den Abschluss des Romans. Diese Schlussszene ist in vieler Hinsicht zugleich der Fluchtpunkt der gesamten Romanhandlung. Der Gedanke an den Freitod durchzieht Werthers Briefe von Anfang an: Schon am Ende des Briefes vom 22. Mai 1771 – der keine drei Wochen nach dem Brief geschrieben ist, der den Roman eröffnet – findet sich eine deutliche Anspielung darauf. Weitere Hinweise enthalten die Briefe vom 16. Juli 1771 – hier werden bereits die Umstände der späteren Tat genannt, wenn Werther schreibt, dass er sich zuzeiten „eine Kugel vor den Kopf schießen möchte" –, vom 8., 12., 18., 21. und 30. August 1771. Diese erste Häufung von Erwähnungen seiner Absicht, sich umzubringen, mündet in Werthers Flucht am 11. September. Noch sucht er nach einem Ausweg, nach einer Existenzmöglichkeit.

Doch auch dieser letzte Versuch scheitert, als Werther Mitte März 1772 die ihn tief kränkende Erfahrung macht, dass er auf der Abendgesellschaft der Adligen nicht erwünscht ist. Sofort drängt sich ihm (in den Briefen vom 15. und 16. März) wieder die Vorstellung des Selbstmords auf, von der zuvor monatelang nicht mehr die Rede gewesen war. Diese Idee lässt ihn von nun an nicht mehr los, wie die Briefe vom 25. Mai, 4. September, 12., 26. und 27. Oktober, 3. und 21. November sowie 4. und 6. Dezember beweisen, womit nur die deutlichsten Hinweise auf Werthers Absicht genannt sind, bevor dann nach dem Brief vom 6. Dezember der Herausgeber die Erzählung von Werthers Sterben übernimmt. Erzähltechnisch erfüllen diese Hinweise die Funktion von Vorausdeutungen, die das Ende des Romans vorbereiten und gleichzeitig – weil es sich ja nur um Andeutungen handelt – die Spannung steigern, indem sie mit der Ungewissheit des Lesers darüber spielen, ob Werther sich am Ende tatsächlich umbringen wird. Diese Annahme ist ja nicht zwingend, wie die Reaktion Alberts zeigt, der Werther die Tat nicht zutraut.

Goethe hat die Schlussszene des Romans ungeheuer wirkungsvoll als Kombination eines gedrängten sachlichen Berichts voll grausamer, lebensechter Einzelheiten und einer intensiven Beschreibung der Gefühle, die Werthers Tod bei seinen nahen

Bekannten auslöst, gestaltet. Insgesamt hat er sich in vielen sachlichen Details, aber auch bis in die Formulierungen hinein, eng auf Kestners bereits sehr anschaulichen Bericht vom Selbstmord Jerusalems gestützt (vgl. *Interpretationshilfe*, S. 21–25): Der Zeitpunkt des Todes kurz nach Mitternacht; die Einschussstelle „über dem rechten Auge"; der mysteriöse Umstand, dass niemand im Haus den Schuss fallen hörte, nur ein Nachbar, der auch das Mündungsfeuer gesehen (den „Blick vom Pulver"; Blick ist hier in der mittlerweile nicht mehr geläufigen Bedeutung „schnell schießender Lichtstrahl" verwendet), sich aber weiter nichts dabei gedacht hat; der Bediente, der seinen Herrn morgens in seinem Blut am Boden liegend und noch lebend findet; die Schlussfolgerungen, wo die Tat geschehen sein und wie der Selbstmörder sich anschließend noch am Boden gewunden und gequält haben muss; die Kleidung des Selbstmörders; die Art seiner Verletzungen, vor allem das herausgetretene Gehirn; die Benachrichtigung der Ärzte, deren vergebliche Maßnahmen; das Hinzueilen der Freunde, die Aufregung in der ganzen Stadt; auffällige Einzelheiten am Tatort wie die nur wenig geleerte Weinflasche und vor allem die auf dem Pult aufgeschlagene *Emilia Galotti;* der Zustand des tödlich Verletzten und der schließliche Zeitpunkt seines Todes sowie die Begleitumstände seines Begräbnisses am späten Abend desselben Tages: all diese Züge gehen auf Kestners Bericht zurück. Der berühmte Schlusssatz des Romans ist sogar wörtlich von Kestner übernommen. Kestner schrieb: „Barbiergesellen haben ihn getragen; das Kreuz ward voraus getragen; kein Geistlicher hat ihn begleitet." Goethe machte daraus: „Handwerker trugen ihn. Kein Geistlicher hat ihn begleitet."

An diesen Änderungen lässt sich die wesentliche Tendenz von Goethes „Bearbeitung" des Kestner'schen Berichtes ablesen: Er kürzt und setzt damit auch inhaltliche Akzente. In diesem Fall verstärkt er die antikirchliche Tendenz des Romans, indem er dafür sorgt, dass bei Werthers Begräbnis nicht einmal ein Kreuz vorausgetragen wird. Diese Tendenz kommt zuvor in Werthers Naturgläubigkeit (seinem Pantheismus, der mit den Überzeugungen Goethes übereinstimmt) zum Ausdruck. Sie entspricht zudem Werthers Widerwillen gegen alle Institutionen, die den Menschen manipulieren, und so eben auch gegen die Kirche; diese innere Opposition wird in seiner Priester- und Pharisäer-Schelte deutlich (vgl. den Brief vom 12. August 1771) sowie in seiner Neigung zur Identifikation mit Jesus, der zu seiner Zeit auch einen unorthodoxen Glauben vertrat. Zugleich wird durch das fehlende Kreuz sein Ausgestoßensein aus der Gemeinschaft der Menschen betont.

Die für die Schlussszene des Romans stilistisch kennzeichnende parataktische Häufung kurzer Hauptsätze ist bei Kestner bereits vorgebildet. Goethe verstärkt jedoch diesen Zug und verleiht der Szene auf diese Weise ihren zugleich chronikalisch-nüchternen und atemlos-erschütterten Charakter. Dass diese beiden Berichtstile sich nur scheinbar ausschließen, beweist folgende Passage: „Lotte hört die Schelle ziehen, ein Zittern ergreift alle ihre Glieder. Sie weckt ihren Mann, sie stehen auf, der Bediente bringt heulend und stotternd die Nachricht, Lotte sinkt ohnmächtig vor Alberten nieder." Der Erzähler hält sich hier nicht damit auf, die Gefühle der Personen zu schildern. Er sagt im Grunde nur, was ein äußerer Beobachter sehen kann. Dennoch wird der geradezu körperliche Schock, den die Nachricht bei Lotte auslöst, eindrucksvoll deutlich. Ihre Besinnungslosigkeit kommt in der Erzählweise genau zum Ausdruck. Alle reagieren sofort, eilen hinzu, versuchen zu helfen. Fassen kann es keiner. Die schockierende Ereignishaftigkeit des Moments wird durch den Tempuswechsel in dieser Passage noch unterstrichen: Plötzlich ist alles Gegenwart, die Vergangenheit versinkt unter dem Eindruck der Nachricht, eine Zukunft ist für eine Weile nicht ausdenkbar.

Der Bericht kehrt ins distanziertere erzählerische Präteritum zurück, als die Rede auf die vergeblichen Rettungsmaßnahmen des inzwischen eingetroffenen Arztes kommt. Gleichsam unter dem Einfluss von dessen professioneller Sachlichkeit schwingt auch im Erzählton weniger Emotion mit, wenn nun der Zustand des Selbstmörders und der Tatort geschildert werden. Werthers grässliche Agonie, seine Hilflosigkeit (wie die der Ärzte) gegenüber dem noch nicht eingetretenen, aber unabwendbaren Tod sorgen hier für das Entsetzen und Mitleiden des Lesers.

Gewissermaßen stellvertretend für die Erschütterung des Lesers, auf die die Schlussszene hin angelegt ist, wird erwähnt, dass inzwischen die ganze Stadt „in Aufruhr" geraten ist. Diese Mitteilung ist wirkungsvoll als Climax angelegt: „Das Haus, die Nachbarschaft, die Stadt kam in Aufruhr." Das Wort „Aufruhr" bezeichnet hier gleichermaßen äußeren wie inneren Aufruhr.

Werthers Kleidung, den „blauen Frack mit gelber Weste", hat Goethe ebenfalls aus Kestners Bericht übernommen. Er verleiht diesem Anzug aber besondere Bedeutung, indem er ihn schon früher im Roman mit Werthers Liebe zu Lotte in Beziehung setzt (vgl. vor allem den Brief vom 6. September 1772). Diese Zeichenhaftigkeit ist von den empfindsamen Lesern des Romans sofort begriffen worden und führte in ganz Europa zu einer entsprechenden Werther-Mode.

Die theatralische Idee, der Nachwelt mit der auf dem Pult aufgeschlagenen *Emilia Galotti* eine Botschaft zu hinterlassen, geht auf den Selbstmörder Jerusalem zurück und ist ein eindrucksvolles Beispiel dafür, welche Bedeutung zeitgenössische Leser der Literatur beimaßen und wie weit die Identifikation mit literarischen Figuren gehen konnte. Das Trauerspiel *Emilia Galotti* des berühmten Gotthold Ephraim Lessing, für dessen Stücke sich Goethe schon während seiner Leipziger Studienzeit begeistert hatte, war erst 1772 in Braunschweig uraufgeführt worden (Jerusalem war Braunschweiger Legationssekretär). Das Stück endet bekanntlich damit, dass die Titelfigur auf ihre entschiedene Forderung hin von ihrem Vater getötet wird, weil sie nur so ihre Unschuld zu bewahren können glaubt. Wie Werther haben die gesellschaftlichen Verhältnisse es Emilia Galotti unmöglich gemacht, ihre Persönlichkeit zu behaupten, wogegen sie, wie er, ohnmächtig und erfolgreich zugleich protestiert, indem sie die Aggression nach innen und gegen sich selbst wendet.

Nachdem der Tatort besichtigt und gewiss geworden ist, dass für den Selbstmörder nichts mehr getan werden kann, kehrt die Erzählung noch einmal zu den Reaktionen der nächsten Bekannten Werthers zurück. Der Erzähler bekennt an dieser Stelle seine eigene Erschütterung und wendet sich dabei direkt an die Leser, die er in seiner Funktion als Herausgeber schon eingangs des Buches auf Werthers Schicksal eingestimmt hatte. Dass Schweigen manchmal mehr sagt als tausend Worte, ist nicht nur eine alte volkstümliche Weisheit, sondern auch ein bewährter rhetorischer Kniff: „Von Alberts Bestürzung, von Lottes Jammer laßt mich nichts sagen.“ Ob in dieser Weigerung, die Gefühle der beiden auszumalen, ein gewisser Vorwurf ihnen gegenüber zum Ausdruck kommt – vor allem der Begriff „Bestürzung“ deutet in diese Richtung –, bleibt der Deutung durch den Leser überlassen. Auffällig ist jedenfalls, wie sehr im Bericht des Erzählers das spontane Hinzueilen des alten Amtmannes und seiner Söhne betont wird, die zärtliche Anteilnahme, mit der sie sich um den Sterbenden drängen, wohingegen Albert und Lotte mit ihren eigenen Gefühlen beschäftigt sind. Lottes Vater kommt sofort in die Stadt „hereingesprengt“ und „küßte den Sterbenden unter den heißesten Tränen“. Wie anders hieß es zuvor von Albert: „Albert trat herein.“ Allein dieser kurze Satz ist ein Meisterstück der Charakterisierung. Unverkennbar hält sich Albert im Sterbezimmer im Hintergrund und so ist auch, nachdem sein Eintritt vermeldet worden ist, zunächst nicht mehr weiter von ihm die Rede.

Der Amtmann und seine Söhne bringen dem sterbenden Werther die uneingeschränkte Liebe entgegen, zu der Albert und Lotte nicht fähig sind, weil sie zu sehr in die Vorgeschichte der Tat – die weitere wie die unmittelbare – verwickelt sind. Die Anhänglichkeit des Alten und der Kinder ruft dem Leser noch einmal in Erinnerung, dass Werther, bei aller inneren Unausgeglichenheit, ein liebenswerter und gewinnender Mensch gewesen sein muss, bevor er in den Monaten vor der Tat innerlich zerrüttete. Der letzte Dienst, den ihm der Amtmann erweisen kann, ist, dass er einen Auflauf „tuscht", also seinen Einfluss geltend macht, um die Neugier und Bosheit der Öffentlichkeit in Schranken zu halten und womöglich auch eine polizeiliche Untersuchung zu unterdrücken.

Werther stirbt von eigener Hand und widerlegt damit Alberts etwas gehässige Einschätzung, dass ihm der Mut zu einer solchen Tat fehlen werde. Werthers Selbstmord kann in dieser Hinsicht als Zeichen der Selbstbehauptung gegenüber dem Freund und Rivalen betrachtet werden. Auch bleibt er sich durch seinen Selbstmord treu. Er fügt sich nicht. Dennoch lässt sich die Tat nicht als Triumph deuten. Letztlich überfordert von seinem eigenen Anspruch auf unbeschränkte Subjektivität, wendet Werther die Aggression, die sich an vielen Konfliktfronten aufgestaut hat, am Ende gegen sich selbst, was wenig heroisch ist. Auch die Tat selbst misslingt halb. Werther stirbt, wie er lebte: als Außenseiter, von wenigen Menschen heftig geliebt, aber auch zwiespältige Gefühle auslösend. Der heutige Leser wird ihn wohl kritischer sehen als die vielen zeitgenössischen Leser, die sich bedingungslos mit ihm identifizierten. Aber auch er kann am Ende den Leiden des jungen Werther, wie es der Herausgeber ihm zu Beginn ans Herz gelegt hat, seine Anteilnahme „nicht versagen".

Wirkungsgeschichte

Die Wirkungsgeschichte des *Werther* zu schreiben, erfordert im Grunde ein eigenes Buch. Der Roman hat seit seinem Erscheinen nicht nur zahllose Leser gehabt, sondern auch viele Künstler beeinflusst und zu eigenen Werken angeregt. Lange Zeit war beispielsweise der Roman *Die neuen Leiden des jungen W.* (1972) von Ulrich Plenzdorf (geboren 1934) eine beliebte Schullektüre, weil dieses Buch einen zeitgemäßen Zugang zu dem Klassiker von Goethe zu eröffnen schien.

An dieser Stelle sollen wenige Hinweise auf die **zeitgenössische Aufnahme** des *Werther* bis zu Goethes Tod genügen. Die weitere Wirkungsgeschichte des Romans ist ein eigenes Feld und ihre Kenntnis keine notwendige Voraussetzung für das Verständnis des Textes, worum es in dieser Interpretationshilfe geht.

Kein Werk Goethes hat zu seinen Lebzeiten eine weitere Verbreitung gefunden als der *Werther.* Die Erstfassung wurde in den anderthalb Jahrzehnten bis 1790 etwa 30 Mal nachgedruckt, die zweite Fassung des Romans bis zu Goethes Tod im Jahre 1832 noch etwa 25 Mal. Schon 1775 erschien die erste französische Übersetzung, 1779 eine englische, 1781 eine italienische und eine russische. Bald folgten Übersetzungen ins Niederländische, ins Schwedische und ins Spanische.

Insbesondere von der jungen Generation der Stürmer und Dränger wurde der Roman begeistert aufgenommen. Manche Aufklärer lieferten hingegen kühle Besprechungen. Die theologische Fakultät der Universität Leipzig forderte sogar, den Roman zu verbieten, da er „eine Apologie und Empfehlung des Selbst Mordes“ sei und gerade deswegen „gefährlich, weil“ das Buch „in witziger und einnehmender Schreib Art abgefaßt ist.“

Tatsächlich entfachte die Veröffentlichung des Romans nicht nur eine Werther-Mode, in der die im Roman beschriebene Kleidung Werthers und Lottes nachgeahmt wurde. Während sich die meisten Werther-Anhänger darauf beschränkten, ihren im Zuge der Lektüre entdeckten Weltschmerz zu kultivieren oder das Parfum „Eau de Werther" zu benutzen, kam es auch zu Selbstmorden, die mit unmissverständlichem Bezug auf den Roman inszeniert waren. Betroffen über solche Nachrichten versah Goethe bereits 1775 eine Neuauflage des Werkes mit einem Vierzeiler, der vor der Nachahmung von Werthers Tat warnte (vgl. *Interpretationshilfe,* S. 29).

Anderen Reaktionen auf seinen Roman begegnete Goethe mit weniger Verständnis. Wie andere literarische Erfolge der Zeit – nur in einem weit größeren Ausmaß – löste der *Werther* eine Fülle von Umdichtungen und Fortsetzungen aus, die meist einen parodistischen Zug aufwiesen. So veröffentlichte der Berliner Verleger Christoph Friedrich Nicolai, der aufklärerisches Denken in popularisierter Form verbreitete, 1775 einen alternativen Schluss *Freuden des jungen Werthers,* in dem es zu einem Happyend zwischen Werther und Lotte kommt. Der bewusst platte Text bricht auf diese Weise der Tragik und dem Pathos von Werthers Tod die Spitze ab. Goethe reagierte mit zwei Gedichten. Das erste ist ganz im derben Kraftton des Sturm und Drang gehalten, um den aufklärerischen Moralapostel Nicolai zu provozieren, und trägt den Titel *Nicolai auf Werthers Grabe, 1775 / „Freuden des jungen Werthers":*

Christoph Friedrich Nicolai (1733–1811)

> *Ein junger Mann – ich weiß nicht wie – / Verstarb an der Hypochondrie, / Und ward dann auch begraben. / Da kam ein schöner Geist herbei, / Der hatte seinen Stuhlgang frei, / Wie ihn so Leute haben. / Der setzt sich nieder auf das Grab / Und legt sein reinlich Häuflein ab, / Schaut mit Behagen seinen Dreck, / Geht wohl erathmet wieder weg, / Und spricht zu sich bedächtiglich: / „Der gute Mensch, er dauert mich, / Wie hat er sich verdorben! / Hätt' er gesch— so wie ich, / Er wäre nicht gestorben!“* (WA, Band 5, S. 159)

Das zweite *(„Die Leiden des jungen Werther“ / an Nicolai / 1775“)* attackiert Nicolais Pharisäertum und mangelndes Talent als Autor wie als Leser:

> *Mag jener dünkelhafte Mann / Mich als gefährlich preisen; / Der Plumpe, der nicht schwimmen kann, / Er will's dem Wasser verweisen! / Was schiert mich der Berliner Bann, / Geschmäcklerpfaffenwesen! / Und wer mich nicht verstehen kann, / Der lerne besser lesen.* (HA, Band 9, S. 592)

Werther lebte aber nicht nur in der Literatur fort. Auch die bildenden Künste nahmen sich seiner an. „Mit dem *Werther*“, schreibt Hannelore Schlaffer in ihrem Buch *Epochen der deutschen Literatur in Bildern: Klassik und Romantik. 1770–1830*, „beginnt eine Literatur, die durch die Gewalt ‚unvergeßlicher Bilder‘ wirkt, durch Szenen also, die die Vorstellungswelt des Lesers nicht mehr loslassen: der brotschneidenden Lotte; der Lotte, die die Pistolen überreicht; Werthers, der nach der Ossianlektüre seine hoffnungslose Leidenschaft bekennt; des sterbenden Werther. Diese Bilder der Phantasie drängten zur Darstellung, und so beginnt mit den *Leiden des jungen Werthers* auch ein eigenes Kapitel der Illustration von Literatur.“ (Stuttgart: Kröner Verlag 1986, S. 1)

Goethe hat bis ins Alter die biografische Brisanz des Romans empfunden. Über die Wirkung des *Werther* berichtet er auch in *Dichtung und Wahrheit* (HA, Band 9, S. 589–594, dort insbesondere auch über Nicolais *Freuden des jungen Werthers:* S. 590–592). Gegenüber Johann Peter Eckermann erklärte er in einem Gespräch vom Januar 1824, er habe das Buch „seit seinem Erscheinen nur ein einziges Mal wieder gelesen und mich gehütet, es abermals zu tun. Es sind lauter Brandraketen! Es wird mir unheimlich dabei, und ich fürchte den pathologischen Zustand wieder durchzuempfinden, aus dem es hervorging." Goethe pflichtete Eckermanns Bemerkung bei, dass die Wirkung des Romans nicht an seine Entstehungszeit gebunden sei: „Die vielbesprochene Wertherzeit gehört", so Goethe, „freilich nicht dem Gange der Weltkultur an, sondern dem Lebensgange jedes einzelnen, der mit angeborenem freien Natursinn sich in die beschränkenden Formen einer veralteten Welt finden und schicken lernen soll. Gehindertes Glück, gehemmte Tätigkeit, unbefriedigte Wünsche sind nicht Gebrechen einer besonderen Zeit, sondern jedes einzelnen Menschen, und es müßte schlimm sein, wenn nicht jeder einmal in seinem Leben eine Epoche haben sollte, wo ihm der ‚Werther' käme, als wäre er bloß für ihn geschrieben." (Johann Peter Eckermann, *Gespräche mit Goethe in den letzten Jahren seines Lebens 1823–1832*. 1835. Berlin: Aufbau-Verlag 1956, S. 96 f.)

Literaturhinweise

Ausgaben von Goethes Werken

Werke. Hamburger Ausgabe in 14 Bänden. Herausgeben von Erich Trunz. München: C. H. Beck. Taschenbuchausgabe: München: Deutscher Taschenbuch Verlag 1998 (zitiert als: HA). Der *Werther* wird nach Band 6 dieser Ausgabe zitiert.

Goethes Werke. Weimarer Ausgabe. 143 Bände. Herausgegeben im Auftrage der Großherzogin Sophie von Sachsen. Weimar: Verlag Hermann Böhlau 1887–1919. Taschenbuchausgabe: München: Deutscher Taschenbuch Verlag 1987 (zitiert als: WA).

Sämtliche Werke, Briefe, Tagebücher und Gespräche. 40 Bände, darin: I. Abteilung, Band 8: *Die Leiden des jungen Werthers. Die Wahlverwandtschaften. Kleine Prosa. Epen.* In Zusammenarbeit mit Christoph Brecht herausgegeben von Waltraut Wiethölter. Frankfurt: Deutscher Klassiker Verlag 1994.

Biografien und Lebenszeugnisse

CONRADY, KARL OTTO: *Goethe. Leben und Werk.* Königstein/Ts.: Athenäum Verlag 1981 und 1985.
Unter den größeren Goethe-Biografien ist die von Karl Otto Conrady sehr empfehlenswert. Sie hat mit rund 1 000 Seiten eine mittlere Länge. Von Nicholas Boyles Biografie *(Goethe. Der Dichter in seiner Zeit)* liegen die ersten beiden Bände vor (1749 bis 1790 und 1790 bis 1803), die zusammen 2 000 Seiten umfassen (München: C. H. Beck 1995/1999 und Frankfurt: Insel Taschenbuch Verlag 2004). Besonders gut lesbar ist Richard Friedenthals *Goethe. Sein Leben und seine Zeit* (München: Piper). Das Buch ist bereits 1963 erschienen und kommt mit 750 Seiten aus.

Goethe in vertraulichen Briefen seiner Zeitgenossen. Zusammengestellt von WILHELM BODE, neu herausgegeben von REGINE OTTO und PAUL-GERHARD WENZLAFF. 3 Bände. Berlin und Weimar: Aufbau-Verlag 1979. Taschenbuchausgabe: Berlin: Aufbau Taschenbuch Verlag 1999 (zitiert als: GivB).

Verwendete und besonders empfehlenswerte Sekundärliteratur

HERRMANN, HANS PETER (Hrsg.): *Goethes ‚Werther'. Kritik und Forschung.* Darmstadt: Wissenschaftliche Buchgesellschaft 1994 (Wege der Forschung, Band 607).

Darin besonders die Aufsätze von Victor Lange (*Die Sprache als Erzählform in Goethes ‚Werther'*, 1964, zitiert als: VL), Klaus Müller-Salget (*Zur Struktur von Goethes ‚Werther'*, 1981, zitiert als: KMS), und Hans Peter Herrmann (*Landschaft in Goethes ‚Werther'*, 1984, zitiert als: HPH).

MATTENKLOTT, GERT: *Die Leiden des jungen Werthers.* In: *Goethe-Handbuch.* Vier Bände in fünf Teilbänden und Registerband. Herausgegeben von Bernd Witte u. a. Band 3. *Prosaschriften.* Stuttgart: Metzler 1997, S. 51–101 (zitiert als: GM).

SCHMIDT, JOCHEN: *Pathologie des genialischen Subjektivismus: ‚Die Leiden des jungen Werthers'.* In: Jochen Schmidt: *Die Geschichte des Genie-Gedankens in der deutschen Literatur, Philosophie und Politik 1750–1945.* Band 1: *Von der Aufklärung bis zum Idealismus.* Darmstadt: Wissenschaftliche Buchgesellschaft 1985, S. 322–336 (zitiert als: JS).

Ihre Meinung ist uns wichtig!

Ihre Anregungen sind uns immer willkommen. Bitte informieren Sie uns mit diesem Schein über Ihre Verbesserungsvorschläge!

Titel-Nr.	Seite	Vorschlag

Bitte hier abtrennen

Die echten Hilfen zum Lernen ... **STARK**

Bitte hier abtrennen

Zutreffendes bitte ankreuzen! Die Absenderin/der Absender ist:

- ☐ Lehrer/in in den Klassenstufen: ______
- ☐ Fachbetreuer/in
  Fächer: ______
- ☐ Seminarlehrer/in
  Fächer: ______
- ☐ Regierungsfachberater/in
  Fächer: ______
- ☐ Oberstufenbetreuer/in
- ☐ Schulleiter/in
- ☐ Referendar/in, Termin 2. Staatsexamen: ______
- ☐ Leiter/in Lehrerbibliothek
- ☐ Leiter/in Schülerbibliothek
- ☐ Sekretariat
- ☐ Eltern
- ☐ Schüler/in, Klasse: ______
- ☐ Sonstiges: ______

Kennen Sie Ihre Kundennummer? Bitte hier eintragen.

Absender **(Bitte in Druckbuchstaben!)**

Name/Vorname

Straße/Nr.

PLZ/Ort

Telefon privat

Geburtsjahr

E-Mail

Schule/Schulstempel **(Bitte immer angeben!)**

Unterrichtsfächer: **(Bei Lehrkräften!)**

STARK Verlag
Postfach 1852
85318 Freising

14-V1P

Bitte ausfüllen und im frankierten Umschlag an uns einsenden. Für Fensterkuverts geeignet.

(Bitte blättern Sie um)

Englisch Interpretationen

Interpretationshilfen zu Einzellektüren:

Albee:
Who's afraid of Virginia Woolf? .... Best.-Nr. 2500101
Auster: *Moon Palace* .... Best.-Nr. 2500031
Bradbury: *Fahrenheit 451* .... Best.-Nr. 2500141
Golding: *Lord of the Flies* .... Best.-Nr. 2500051
Lessing: *The Fifth Child* .... Best.-Nr. 2500071
Lodge: *Changing Places* .... Best.-Nr. 2500091
Priestley: *An Inspector Calls* .... Best.-Nr. 2500081
Russell: *Educating Rita* .... Best.-Nr. 2500061
Salinger: *Catcher in the Rye* .... Best.-Nr. 2500111
Shakespeare: *Macbeth* .... Best.-Nr. 2500011
Shakespeare: *Romeo and Juliet* .... Best.-Nr. 2500041
Shaw: *Pygmalion* .... Best.-Nr. 2500121
Twain: *Huckleberry Finn* .... Best.-Nr. 2500021

Englisch Training

Textaufgaben
Literarische Texte und Sachtexte .... Best.-Nr. 94468
Übersetzungsübung .... Best.-Nr. 82454
Grammatikübung Oberstufe .... Best.-Nr. 82452
Wortschatzübung Oberstufe .... Best.-Nr. 82451
Grundfertigkeiten des Schreibens .... Best.-Nr. 94466
Sprechfertigkeit mit CD .... Best.-Nr. 94467
Grundlagen der Textarbeit .... Best.-Nr. 94464
Abitur-Wissen Literaturgeschichte .... Best.-Nr. 94465
Abitur-Wissen
Landeskunde Großbritannien .... Best.-Nr. 94461
Abitur-Wissen Landeskunde USA .... Best.-Nr. 94463
Kompakt-Wissen Kurzgrammatik .... Best.-Nr. 90461
Kompakt-Wissen Abitur
Themenwortschatz .... Best.-Nr. 90462

Fachübergreifend

Richtig Lernen – Tipps und
Lernstrategien für die Oberstufe .... Best.-Nr. 10483
Referate und Facharbeiten
für die Oberstufe .... Best.-Nr. 10484
Training Methoden – Meinungen äußern,
Ergebnisse präsentieren .... Best.-Nr. 10486

Französisch Interpretationen

Französisch – Interpretationshilfen 1 Lyrik
22 Musterinterpretationen u.a. von: Ronsard, Corneille, La Fontaine, Voltaire, Hugo, Baudelaire, Verlaine, Rimbaud, Mallarmé, Valéry, Apollinaire, Aragon, Eluard
■ .... Best.-Nr. 94507

Französisch – Interpretationshilfen 2 Prosa
Montesquieu: *Lettres persanes*; Voltaire: *Candide;* Rousseau: *Discours sur l'inégalité;* Stendhal: *Le Rouge et le Noir;* Balzac: *Le Père Goriot;* Hugo: *Les Misérables;* Flaubert: *Madame Bovary;* Zola: *Germinal;* Duras: *Hiroshima mon amour;* Verne: *Le Tour du monde en 80 jours;* Saint-Exupéry: *Vol de nuit;* Pagnol, *Le château de ma mère;* Camus: *L'etranger* etc.
■ .... Best.-Nr. 94508

Französisch – Interpretationshilfen 3 Drama
Corneille: *Le Cid;* Molière: *Le Malade imaginaire;* Racine: *Phèdre;* Beaumarchais: *Le Barbier de Séville;* Courteline: *Boubourouche;* Claudel: *Partage de Midi;* Romains: *Knock;* Pagnol: *Topaze;* Cocteau: *La Machine infernale;* Giraudoux: *La guerre de Troie n'aura pas lieu;* Anouilh: *Antigone;* Montherlant: *La Reine morte;* Sartre: *Les mains sales;* Beckett: *En attendant Godot;* Tardieu: *Théâtre de chambre;* Ionesco: *Rhinocéros*
■ .... Best.-Nr. 94509

Interpretationshilfen zu Einzellektüren:

Camus: *L'Etranger/Der Fremde* .... Best.-Nr. 2550041
Sartre: *Huis clos/*
Geschlossene Gesellschaft .... Best.-Nr. 2550051

Französisch Training

Landeskunde Frankreich .... Best.-Nr. 94501
Wortschatz .... Best.-Nr. 94503
Literatur .... Best.-Nr. 94502
Textarbeit Oberstufe .... Best.-Nr. 94504
Abitur-Wissen Literaturgeschichte .... Best.-Nr. 94506
Kompakt-Wissen Abitur
Themenwortschatz .... Best.-Nr. 945010

Natürlich führen wir noch mehr Titel für alle Schularten. Wir informieren Sie gerne!

Telefon: 08161/179-0 **Internet: www.stark-verlag.de**

Telefax: 08161/179-51 **E-Mail: info@stark-verlag.de**

Bestellungen bitte direkt an:
STARK Verlagsgesellschaft mbH & Co. KG
Postfach 1852 · 85318 Freising

STARK

14-V1P